智元微库
OPEN MIND

成长也是一种美好

请停止
无效社交

肖逸群 著

人民邮电出版社

北京

图书在版编目（CIP）数据

请停止无效社交 / 肖逸群著 . -- 北京 ： 人民邮电
出版社 ， 2023.12（2024.3重印）
ISBN 978-7-115-62465-9

Ⅰ．①请 … Ⅱ．①肖 … Ⅲ．①人际关系－通俗读物
Ⅳ．① C912.11-49

中国国家版本馆 CIP 数据核字（2023）第 149697 号

◆ 著 肖逸群
责任编辑 张渝涓
责任印制 周昇亮

◆ 人民邮电出版社出版发行 北京市丰台区成寿寺路 11 号
邮编 100164 电子邮件 315@ptpress.com.cn
网址 https://www.ptpress.com.cn
天津千鹤文化传播有限公司印刷

◆ 开本：880×1230 1/32
印张：8.5 2023 年 12 月第 1 版
字数：260 千字 2024 年 3 月天津第 3 次印刷

定 价：68.00 元

读者服务热线：（010）67630125 印装质量热线：（010）81055316
反盗版热线：（010）81055315
广告经营许可证：京东市监广登字20170147号

推荐语

　　本书作者肖厂长对社交的理解准确又透彻。他在书中讲的很多社交技巧和方法，都非常接地气。厂长把自己多年向"上"社交①的心得娓娓道来，毫不藏私。遵循他的方法，你也可以在社交活动中游刃有余。

—— 王润宇

福布斯创新企业家、润宇创业笔记主理人

　　人与人之间的社交第一看价值观，第二看实力。以前做投资人的时候，我经常参加各种各样的行业展会、饭局，认识各种各样的所谓大佬。自己创业以后，我的社交越来越少，但越来越聚焦，越来越有价值。回过头看一看，以前大部分时间都浪费在了觥筹交错之中。年轻人的时间是他最宝贵的资源，比金钱更重要。所以请马上拿起这本书，向厂长学习如何有效社交。

—— 陈晶

星光私董会主理人、蓝象资本前投资副总裁

---

①　本书认为，向"上"社交的本质是在某段关系中收获的价值和成长。——编者注

作为推荐人，我想跟读者朋友们分享三句话：一是在我的朋友圈里，肖厂长是"积累社交资产"的超级高手；二是他写的方法非常接地气，实战性极强；三是好好重视这本书，踏踏实实去践行，你肯定能有巨大的收获。

—— 剽悍一只猫

个人品牌顾问、《一年顶十年》作者

我特别欣赏肖厂长那种置身事内还能融会贯通的能力，他能把看似复杂的社交技巧条条厘清，让我们从中领悟到运用之道。无论你是新手，还是已经在向"上"社交之路上有了一定积累，这本书都必不可少，它能进一步提升你的社交力。社交关系就是我们手中的杠杆，好好运用，我们都能撬动巨大的可能性。

—— 卢战卡

头部职场知识博主（全网粉丝 2000 万＋）

从成功品牌运营的视角来看，这本书对企业家和其他个体来说，具有非常高的参考价值。肖厂长用通俗易懂的语言，剖析了社交关系的本质及运作规律，并给出了建立有效社交链接的方法和技巧。从人生的视角看，这本书无疑是一本关于节约时间、提高效率的必读之作。此外，书中还介绍了如何有效进行社交传播，以及不同社交场景下的策略运用，这些对于品牌内容变现都大有裨益。我强烈建议大家学习这本书，从而提高自身的社交能力和影响力。

—— 王一九

一九咨询创始人、暨南大学创业智库导师

我是肖逸群，星辰教育创始人，一名连续创业者，业内人称"肖厂长"。

我来自一个小城镇，我的家乡是江西省吉安市吉水县文峰镇阜田乡。

我的梦想很简单，就是去大城市，通过奋斗改变命运。

初二的时候，因为一次机遇，我人生中第一次来到了北京，参观了清华大学和北京大学的校园。从此，未来要考到北京这个想法在我心底挥之不去。

16 岁那年，我以全校第一的高考成绩，考上对外经济贸易大学，来到了北京。

大学期间，我凭借自己的一技之长成为校学生会的学生干部。我还尝试创业，多次失败后成功挣到"第一桶金"。

20 岁，我大学毕业，在创业、出国、工作三条路中，我选择了工作，并顺利得到很多人羡慕的某金融机构总部的工作机会。

23 岁，我成为所在公司当时最年轻的离职员工，并在辞职后一直创业到现在。

在创业过程中，我取得了不少成绩，也获得了一些荣誉。

26 岁，创业第 3 年，我拿到经纬中国和腾讯双百计划

3300 万元的融资。

我创立了"轻课""潘多拉英语""极光单词""趣课多"等教育品牌。在巅峰的时候，每天有 100 多万名学员使用我们的产品。

我创立的公司"星辰教育"的旗下品牌被新华网评为"2019 年度品牌影响力在线教育机构"，被央视网评为"2020年度影响力在线教育品牌"。

8 年时间，我从一开始只有 300 位微信好友，做到拥有 3000 万人的私域资产，公司一年在私域最高营收达 6 亿元。

2 年前，我开始做创始人 IP[①]，我的微信通信录里现在有 20 万高净值好友。

而这些数字，还在不断增长。

一、我为什么擅长社交

所有对我有所了解的人，对我都有 3 个共同评价：极其擅长发现新红利，极其擅长做流量，极其擅长制定标准操作程序（SOP）。

这三项能力让我不断抓住新的机遇，让我持续逆风翻盘。

---

① IP：直译为知识产权，引申来说，可以是在多个平台获得流量，分发内容的人。——编者注

这，都源自我对各种社会关系的理解，以及我不断向"上"社交的奋斗历程。我也因此获得一些成绩。

我大学时期就领先同龄人。

大学时，在同学都在比拼学业时，因为向"上"社交，我和学校老师快速建立了关系，这让我有机会在读大学时就创办公司，做平面设计、视频制作、网站搭建，说得俗一些，就是做乙方、外包公司。

我依靠自身能力，不断地向"上"社交，给学校机构以及世界500强公司做外包，提前了解真实商业社会的运行逻辑。

在一段段创业经历中，我认识了学校里的顶级人才，其中好几位在后来都成为我的创业合伙人。

在工作的早期阶段，得益于我所建立的关系，我提前感知到即将汹涌而来的公众号红利，一边做一些清闲的工作，一边兼职创业，主动跳出"舒适区"，实现了从员工到创始人的身份转变。

在后续的创业经历中，也正是受到这些关系的影响，我不断发现新红利，不断化解危机，做出一次次关键转型和决策，让我的公司能够活到现在而且活得很健康，从而有机会拥抱不断出现的一波波红利。

红利或危机当前，为什么有的人可以看得很明白，而有的人却无知无觉甚至困惑、迷茫、焦虑？

这是因为每个人都有自己的盲点象限，这被我们称为信息茧房。

信息茧房的底层其实是"社交茧房"。那些将关系运用得好的人，能更好地理解各种系统的运行规律，因此能抓住自己的每一次红利，并且化解不期而遇的每一次危机。

3000 万人的私域资产，20 万高净值微信好友，是我擅长用互联网工具建立和处理关系的最好证明。

社交 App 时代的到来，增加了人与人之间的互动频率和沟通范围，扩大了人们的社交圈层和社交资源，"流量"这个词的出现频率也越来越高。

所谓流量，是一个个真实的人之间产生的关系，只不过其主要场景从线下面对面转到了线上，其形式从一张张纸质名片变成了一个个朋友圈好友。

"擅长吸引流量"的标签，就是我擅长建立关系的侧面印证。

面对这些真实但陌生的关系，你发出的每一个文字，制定的每一步策略，执行的每一个动作，都会产生"蝴蝶效应"。

好在这一分擅长，让我从创业至今，抓住公众号、短视频、信息流、私域的每一波机会，在公域大展身手，在私域积累了 3000 万人的私域资产。

回顾 10 多年的经历，对关系的理解，对社交的擅长，是我在人生不同阶段能比很多深耕行业多年的人更快得到结果的关键原因。

二、普通人为什么要向"上"社交

向"上"社交，被不少创业者和短视频博主奉为金科玉律，但在不少人眼中，这个话题充斥着功利感和铜臭味。

导致这一分歧的根源就在于对"上"的理解偏差。

在各类影视作品的耳濡目染下，从小到大我们很容易把向"上"社交和"溜须拍马、无效社交"混为一谈，后者自然不是倡导谦虚、踏实、勤奋的社会所提倡的。

作为一个被现实无数次毒打，并且在创业 10 多年中经历过、见识过各种起起落落的人，我想结合自己的经历，阐述一下我的理解。

先说结论：向"上"社交，是真正改变现状的方式之一。但，有个前提。

这个前提就是你能分得清，什么是向"上"社交，什么是"溜须拍马、无效社交"。

我认为，真正的"上"，其实是你心中"向上的目标"。

以"目标感"，而不是单纯以阶层来定义的"上"，才是真正的"上"。

也就是说，你要在实现"向上的目标"的过程中真诚地寻求"对的人"的帮助和有价值的一次次沟通、一次次链接，而非只是为了"谋求地位、金钱、权力"，并非为了"毫无底线"的交易，牺牲"自我尊严"。

周五下班，和公司领导酒桌相聚，推杯换盏，觥筹交错，大谈公司领导的江湖往事，结果酒喝多了，钱包空了，身体差了，生活依旧少有起色。

——这是无效社交。

你是一个有想法、有技术、有野心却缺少启动资金的创业者，你想要融资创业，你在某个饭局上遇到一位投资人，他的一次拉群，就解决了困扰你许久的资金难题。

——这就是向"上"社交。

你是一个专业能力优秀但学习成绩普通的学生，在某个专业论坛，遇到欣赏你的行业大牛，被他收入麾下，得到意想不到的工作机会。

你是一个在晋升天花板挣扎的企业高管，但是平时积极社交，遇到技术、销售合伙人，你们一起创业，开启人生新战场。

你是一个怀才不遇的网络博主，但是在某个聚会上你认识了 MCN^① 的创始人，对方认可你的才华和想法，愿意帮你孵化操盘。

—— 这些也都是向"上"社交。

尽管看起来像鸡汤，但这些都是最近两年发生在我身边的真实案例。

向"上"社交的本质，是你在你要发展的领域"结交比自己更优秀的人"和"说服至关重要的人"，也就是你能在某段关系中收获价值和成长。

这个成长可以是了解不同的文化、观点和经验，从而增加你的见识和智慧；也可以是找到志同道合并愿意提携你的导师，从而获得更多的支持和指导；更可以是接触更多行业信息、市场需求和职业方向，从而把握更多的可能性。

如果不愿意向"上"社交，那么你不仅会失去结交伯乐和贵人的机会，同时也会失去外界带给你的反馈，从而裹足不前。

我想提高我的职业发展水平，

我想结识一些有趣和有才华的人，

我想了解一些不同领域的知识和信息，

---

① MCN：服务于网红经济运作模式的各类机构总称，为网红和自媒体提供内容策划制作、宣传推广、粉丝管理、签约代理等各类服务。——编者注

....

这些是我做 IP 以来，听到最多的对关系的诉求。如果你也有类似的想法，那么向"上"社交绝对是你不容错过的方式。

这种社交过程既体现在日常处理关系的方方面面，比如合作关系、亲密关系、商业关系等，也体现在各种日常的场景，比如朋友圈、直播间、社群、线下饭局等。

而建立了高质量、有长期价值关系的双方，在本质上一定是相互成全、一起向上的。

最后，我也必须提醒你，向"上"社交只是第一步，任何需要强行维系的关系注定是短暂而无果的。

想要走得更远，有一件事对你来说永远不会过时 —— 持续投资自己，增强你的硬实力。

因此，一句话就可概括关系的本质：向"上"社交是无数的"0"，自身实力才是至关重要的"1"。

三、这本书是怎么介绍关系的，是怎么写出来的

关系的本质是什么？

这是一个很深刻的问题，不同的人也有不同看法。

有人认为关系的本质是价值交换，有人认为关系的本质是贡献，也有人认为关系的本质是互相利用。

我想，对这个问题，你需要根据自己的人生阅历去理解。

大多数人都无法想象出自己从没见过的东西，更难以面对从未遇见的关系。

社会各阶层的思想体系都不尽相同，如果你没有丰富的阅历支撑你处理关系的"系统"，那么你一次次遇到比你社交层次更高的人时，很容易"大脑宕机"，错过一个个可能改变你命运的机遇。

帮助读者理解关系，身体力行地向"上"社交，是我创作这本书的初心。

这本书源于我从一个普通人通过社交逆袭为有结果的创业者的真实经历，这里没有复杂的知识理论，有的是我在读书、工作、创业等过程中经历和遇到的真实故事。

我是一个爱思考并且擅于思考的人。在深刻感受一段关系时，不论这段关系是"强"关系还是"弱"关系，不论这段关系是"好"关系还是"坏"关系，我都会深入复盘，并且将总结出的经验运用到后续的人生中。

通过我的这些思考和探索，你能够得到如何处理类似问题的答案。另外，我还会告诉你，我得到答案的底层逻辑和思维方式。当你真正理解这些内容以后，你就掌握了多个"思维模型"。这会让你在面对这本书没有介绍过的关系时，也可以主导关系，从向"上"社交中获益。

说来也巧，这本书的起源是一段关系。我觉得有必要展开介绍。

我和刘杰辉（刘 Sir）[①]，都得到过同一家基金的投资。我们都是移动互联网创业时代的"弄潮儿"，彼此的公司有过多次商业合作，但我们俩其实一次都没有沟通过。当时我们的合作都是我们各自团队的小伙伴洽谈的。

后来机缘巧合之下，我做了一次私域发售，我写的年度文章在朋友圈刷屏，刘 Sir 看完后加入了我的恒星私董会 2.0。

自此，我们的关系从路人到彼此付费，再从彼此付费到合伙做项目，开始一路升级。

你手中的这本《请停止无效社交》，是我写的第五本书，就是源于我与刘 Sir 的深度合作。这本书是将我们的 8 次视频号连麦、2 次深度灵魂碰撞的内容进行精心提炼整理的结果。

在这个过程中，我们发现彼此都是擅长建立关系的人。

2022 年年底，我帮刘 Sir 操盘了"书香学舍"—— 一个聚集出版行业超级个体的私董会，在短短一个月内与 400 多位出版行业精英建立深度关系。

通过"书香学舍"，我们聚拢了 400 多位畅销书作家、出版界大咖、创始人。更多有价值的链接正在产生，未来还会有怎样的化学反应？我不敢想象。

---

① 这本书背后的操盘手。

向"上"社交，真的是一种很神奇的体验：当你没有开始的时候，你根本不知道自己失去了什么，但是当你主动开始后，结果一定会让你觉得"还好我当初足够勇敢"。

相信读过这本书的你，在接下来的人生中，可以勇敢迈出向"上"社交的第一步：通过我的公众号 —— 私域肖厂长，添加我的个人微信号，围观本书作者，一名连续创业者的朋友圈日常。

欢迎来到我的社交关系世界，一同探寻关系的本质。

肖逸群

2023 年 3 月 23 日

私域肖厂长

目 录 CONTENTS

第三章 手把手教你做 IP,借社交形成影响力

后记　拥抱关系的不确定性

第一章

社交与关系的底层逻辑

社交的本质是什么？
社交和关系之间的逻辑关系

社交贯穿我们的日常生活，我们无时无刻不在进行着社交。

社交是因，关系是果

在很多人看来，谈社交就是讲关系。实际上，社交和关系有根本性区别，二者不能被画上等号。

我认为，社交，如商业社交、娱乐社交，是带有目的的交往，是一种具体的行为；关系，如客户关系、劳资关系、夫妻关系、亲子关系等，是人与人连接的状态或方式，是行为带来的结果。

简单来看，社交是过程，是因；关系是社交带来的状态，是果。

也就是说，有了社交，才有关系。

比如，我与一位老师连麦，这是一种社交，具体形式是在网络上做直播。这种社交让我既能与老师连接，又可以与直播间的观众互动，可谓一举两得。

小时候，我既不擅长社交，也不重视关系，是一名典型的"两耳不闻窗外事，一心只读圣贤书"的学生。我的父母从我小时候就教导我，一定要好好学习，成绩好了才能考上好大学，才可能改变自己的命运。

我上了大学才发现，很多事和我原本想象的不太一样，自己与他人原来有那么大的差别。

入学报到时，我发现很多新生在入学前已经通过 QQ 群获得了一些学长学姐的联系方式，还预订了一些班委竞选名额、社团成员名额。我当时想："还能这样？"当时我真的不知道还可以提前做好这些事情。惊讶之余，我所面对的现实就是，班长的竞选名额被别人早早地"近水楼台先得月"了，我也无法进入自己喜欢的社团。

由此我意识到，社交原来如此重要，和学长学姐处好关系，和老师处好关系，也可以拓宽自己的信息获取渠道。我的三观第一次被颠覆，这是我离开父母后第一次感受到危机的存在，感受到一切要靠自己。

之后，通过和不同人的社交，我也亲身体会到，原来社交可以改变关系。

在大学学生会里，我通过社交获得了很多好机会，向关键人物展示了自己的才华，从而获得赏识和机遇。创业时，我通过社交建立了各种各样的关系，管理过 600 多名全职员工；到后来创业历程起起伏伏，在把公司做小后，我依然可以通过社交和私域做我自己的个人 IP，成功转型超级个体，并且运营 1000 多人的恒星联盟私董会付费社群，还能签下福布斯的合作协议，作为主理人运营福布斯创新企业家的社群。

以上这些，都是我通过社交与他人建立关系，连接到不同圈层的不同关键人后贡献的价值、获得的收益。

没有自身价值，再多社交都是虚无的

从一个不注重社交只知道埋头学习的学生，到现在略有成就的创业者，一路走来，我逐渐意识到社交的一个极其重要前提：让自己有价值。

这是非常重要的观点，也是值得你不断重复并深刻记忆的一句话。

和你分享一下我的经历。大学期间，我安顿好自己后的第一件事情，就是加入一些社团，去感受大学生丰富多彩的生活。当时没提前联系学长学姐的我，只能依靠自己去争取名额，值得庆幸的是，我还有一技之长 —— 使用 PhotoShop。

　　我其实是一个不太擅长拒绝的人，大一进入社团后，我帮着同学们修图、做海报、修照片，一直处于向他人提供价值的位置。大二时，我开始带团队做项目，希望能够做出一些成绩，让大家共同发挥价值来实现项目目标。这个阶段的种种情况对我的处理人际关系的能力提出了更高的要求。比如，之前开会我经常迟到，但当团队领导后我就不能迟到了，迟到会导致"军心涣散"，因此如果8点开会，我就必须7:50前赶到会议现场。

　　大三后，我开始创业，我的任务不再只有带团队达成目标，还有独立实现一个个商业闭环。这时，我不仅要管理团队内部的人，还要跟客户沟通，而且要把产品卖出去，肩上的担子越来越重。经过一段时间的历练，我不仅成了学校的创业达人，还成为全球社会企业创业大赛GSVC中国赛区组委会的主席，同时担任校团委宣传部的副部长。作为大学生干部，可以说我取得了不俗的成绩。

　　我发现我能顺利走过这段"爬坡"路的奥秘就是掌握了1和0的关系。所谓的1，是我们的个人价值；0，则是通过社交或其他活动创造出来的价值。如果没有个人价值的1，那么再多的0都是没有意义的。

为什么要进行更多带有目的性的社交

有些人说，社交要有目的，这虽然听起来有些功利，但我们不得不承认其中存在合理之处。

在自身实力不够强大、自身价值不够明显的时候，有些年轻人容易误信一些"成功学大师"，认为只要多去进行社交，多认识一些厉害的专家，自己就可以一飞冲天。我曾经也是这样，后来，我的见识慢慢广了，自己也踩了很多坑，就发现这样的做法好像并没有太大意义，带着目的进行的社交才更有价值。

社交的最大目的应该是交换价值，可以交换情绪价值，也可以交换商业价值。我们与家人、朋友打游戏、聊天、旅游，就是情绪价值的交换过程，这可以让家庭更和睦、家人更亲密；我们在与客户社交的过程中，既能提供情绪价值，也能交换商业价值。商业合作的过程可以为彼此提供情绪价值。

当然，要交换价值，我们需要满足两个前提条件：其一，我们对对方有价值；其二，对方能为我们提供价值。

2014 年，我刚开始互联网创业时简直就是社交狂人。

当时我发起了母校民间的校友组织：贸大校友汇。我用半年时间通过裂变，建了大概 400 个群，每个群有 100 人，每天我都做着建群、拉人、改备注、组织活动、筛选群主等一系列重复性工作，感觉自己每天都忙得晕头转向，很充实，也很有成就感。

但是，半年后，我突然发现自己沦陷在重复性工作里了，辛辛苦苦付出了半年时间，却没有任何回报，我变得特别沮丧。大概一周后，我退出了所有群，把账号交给其他团队成员去运营了。

后来，我想明白了，我只是一个小职员，在我自己仍然缺乏个人价值时，也就是缺少那个 1 而只有 0 时，我怎么可能跟别人进行价值交换呢？同时，在这次创业尝试中，我也没有想清楚任何商业模式，只是拉群组织活动，进行了很多没有任何意义的社交，仅此而已。

现在回头看，我还是要感谢这段经历。虽然这段创业经历并没有让我赚到钱，但我因此发展了个人 IP，还赢得了他人的信任，这使得我在第二次创业中，仅用半年时间就拿到了人生第一笔 100 万元的投资，而这位投资人，就来自贸大校友汇。

回忆当时，我很庆幸我在辛苦付出半年后及时终止了自己的投入，并且在自己 20 岁出头时就悟到了这个至关重要的道理：只有当自己具有价值并且和别人有价值契合点后，再去组织活动、创业、进行社交，才会形成真正的闭环，这样的社交才会变得更有意义。

社交群体才是决定认知的关键，选择圈层就是掌握主动权

我们每天接触的信息、身边人做的事情，都在潜移默化地影响我们的行为和决策。我之所以能够从不注重关系变为现在能游刃有余地处理各种关系，最主要的一个原因在于，意识到圈层的重要性后，我开始学着主动选择圈层，把社交的主动权把握在自己手中。

即将大学毕业的时候，我身边的同学都在找银行系统、金融系统的工作，"随大流"的我也想进入银行系统或金融系统先"安身立命"。在我的努力下，这一决定也成就了我毕业后的第一份工作。工作后，我发现自己很难通过本职工作实现自我，于是我打算创业。在接触很多创业者后，我发现大家都在谈融资、互联网创业，我意识到互联网创业是我顺应大势的最佳选择，于是我自己也开始互联网创业。后来我做私域，扩大公司，做在线教育；再后来把公司做小，做超级个体，做创始人 IP……

过去的十多年，其实就是我通过主动破圈，一步步实现目标，从好学生成为能得到结果的创业者的人生转变过程。

假设我没有主动选择圈层，没有主动选择信息系统，我很可能还是一名职员，过着完全不一样的人生。

请记住：社交是因，关系是果，一定要学着主动为自己选择适合的圈层。你所在的圈层决定了你接收的信息，决定了你的认知，决定了你的习惯，最终，或许也决定了你的命运。

想要改变现状？ 那就先打破社交茧房

人以群分，我们总是愿意与和自己亲近的人、和自己相似的人在一起，如父母、伴侣、孩子、朋友、合作伙伴等。志同道合的人之间更容易产生心灵共鸣，往往会有讨论不完的共同话题。

这样做当然没问题，这是我们的舒适区，但其中也有风险：如果一直只与相对固定的人进行社交，那么我们很容易为自己建起一间社交茧房。

如果我们想改变现状，如果我们迫切地想改变现在的生活，那么在进行社交时，我们千万不能长期局限于当前的小圈子，只有跳出来，广泛交往，才能发现这个世界如此大、如此神奇，才能真正让自己进入不一样的世界。

我自己就是广泛社交的受益者，没有广泛社交我不可能主动破圈，不可能从职场人变身创业者再变成有结果的创业者。

在我们身边，因广泛社交而享受到益处的情况几乎随处可见。在进行广泛社交的过程中，有几个要点我很想和你分享一下。

如何找到真正优质的社交对象

在多年的社交经历中，我发现了一个非常重要的衡量优质社交对象的标准，叫"同频共振有差异"。

你可能会不解，不知道如何理解这一标准。为什么同频共振还要有差异呢？

同频共振的人际关系可以让你真正发挥自己的优势。一个人只有全面发挥自己的优势，才可能释放全部的能量，从而快速提升、快速成长。

筛选同频共振的社交对象，一般来说，可以从以下三个角度进行。

与IP、关键意见领袖连接

通过短视频或朋友圈认识IP，进入他们的核心圈层，然后在里面找到与你同频共振的人，这是一种非常高效的筛选社交对象的方法。

大致流程是，找到自己感兴趣、喜欢的领域，然后看该领域中有没有自己喜欢的IP或关键意见领袖，再根据现实情况，有针对性地加入相应核心圈层，无论通过免费的渠道还是付费的渠道都可以，然后你要积极参加其线上、线下的活动，如此你就有很大概率遇上与你三观一致的社交对象。

创业以来，我加入了很多付费的圈层，每年都会在这方面花费几十万元。做 IP 之后我甚至每年花费上百万元去连接那些厉害的创业者和高手。

从消费习惯层面去识别

有相似消费习惯的人大概率会有共同话题。

我有一个朋友，他针对喜爱喝酒的男性做"单桶"俱乐部，大家众筹买一桶名酒，然后进行社交。他认为，大家有相同的消费属性，在一起就会有共同话题。

从经历层面做判断

在面试时，面试官最主要的工作就是去看应聘者的过往工作经历。这样做的目的就是从经历中找出共识。我面试他人时会主动问对方"大学时都做过什么"，我觉得大学时期是一个人能够自主做决定的阶段，基本决定了他未来的发展方向。

我招聘项目负责人、合伙人级别的人才时，一定会问对方上大学时有没有创业经历，如果有，一定会加分，因为我认定我们是一类人。我上大学时就曾创业，而且我发现，能得到结果的公司高级管理者，也大部分在大学期间就曾创业。

但是，在招聘普通员工时，如果我发现他上大学时有创业的经历，我可能会减分，会仔细思考：对方进入公司一段时间后，攒够了钱，或者突然有了创业想法，是否有可能立马出去单干。

以上就是能让我们快速筛选出"同频共振"的社交对象的三个角度。

除了"一致性"，我们还需要接受社交的"差异度"，求同存异，从而避免进入社交茧房。

社交高手都会向下兼容

相信我们每个人在平时的生活中或工作中都遇到过这样的人：在你克服一些困难，有了一定的成绩并和他分享时，他往往很不在意地说一句"这个难题，我早就解决了，你这也太慢吧"；你在公开场合发表意见时，他会马上打断你，并说"你这个观点我早就知道了，价值不大"。

…………

试想一下，你遇到这样的人时，会感觉舒服、开心、愉悦吗？想必大多数人都会感觉既尴尬又生气。

为什么你会有这样的感觉？因为对方总是有意无意地站在制高点上和你说话，他们看似很厉害、知道很多，实则让人感觉很不舒服。真正的社交高手无论说什么、做什么，都会让人在和他相处时感觉很舒服、自在。

有一个段子说:"当你发现有一个人,你说什么他都能够理解,你好像找到了灵魂知音时,实际上,只有 1% 的可能性是你找到了灵魂知音,99% 的可能性是你遇到了一个情商和智商都比你高的人,他在对你向下兼容。"

要提升自己的社交层级,你要学会包容,学着包容你不喜欢的人、不喜欢的事情、不同的观点。

如果你真的觉得这个人是有必要去社交的,那么一定要找到你们之间的相似点,而且能够去兼容他。

当你有了开放、包容的心态,你就能从相似点切入,理解对方的一些想法和观点,跟对方产生共鸣,建立关系,再通过对方的一些观点、经历去接受一个更大的世界,这样你的视野就变得更宽广了,你就能去兼容跟他相似的更多人。

一个低情商的沟通者,在听到有人说自己买了很贵的包时,会说:"买什么包包都是一样的。"而高情商的沟通者就会说:"哇,你的包好漂亮!"

拥有开放、包容的心态的人,基本上就是一个社交高手了。在此基础上,夸赞作为一个技能,也是我们进行社交前应该学会的。

夸赞是打开对方心门的一把钥匙

你可能想象不到，夸赞能让你在一群人中迅速脱颖而出。我认识一个私董，红杉资本在整个大中华区只招聘一个人，刚毕业的他在面试 12 轮后，成功入职。

他为何能获得所有面试官的肯定？

答案就是，提前做功课，了解面试官，了解对方的工作内容、代表作、付出的努力等。他在面试时，精准地为面试官量身定制答案并戳中面试官的内心。

比如，他会夸赞面试官的某篇文章中的某个观点特别犀利，是别人从来没有提出过的。这个时候，面试官就知道他前期做了很多工作，付出了很多心血，便会对他产生非常强的好感，认为他是一个凡事都有准备的人。

当然，夸赞对方也不是简单说一句"你好厉害、你真棒、你很优秀"等比较敷衍的话就可以的，一定要从细节入手，一定要结合具体的点。

还有一个技巧，如果你想连接的是一个行业内的资深人士，要记住，一般特别厉害的人身上都有一种特点 —— 乐于传授经验。

当碰到一些特别厉害的人时，你一定要主动放低姿态跟对方学习，要多去请教，这是让你与对方快速深入连接的方式。当然，你也不能让自己太卑微，一定要彰显自己的价值，让对方知道你这个朋友值得交。

能成为别人的老师，对特别厉害的人来说，这也是一种特殊的夸赞。

拥有固定社交对象的优势是能够增加关系的亲密度，但劣势就是将自己的生活囚禁于社交茧房内，这不仅容易让自己盲目自信，并且不敢逃离封闭的人际关系，还让自己无法拥有开阔的眼界。

如果你现在深陷迷茫、无助，我给你的建议就是广泛选择同频共振有差异的社交对象，让自己能够破茧而出，飞向更广阔的天空。

给他人留下美好的第一印象

在人际交往中，第一印象的重要性已被很多人反复强调。

给别人留下良好的第一印象，是让别人愿意与你结交的第一步，也是很关键的一步。给别人留下的第一印象不好，很容易让人产生"此人不可交"的感觉。即便这种感觉并不总是准确的，但出于先入为主的心理，人们依然比较相信自己的第一印象。

我一直觉得，人类非常依赖视觉，因此第一印象在我们的评判标准中占有很高的比例。无论在交友时还是在工作中，我都会比较注重第一印象，在穿衣、打扮、言谈、举止方面格外注意。

举两个例子。第一个是我刚上大学时竞选班长的故事。当时我还比较懵懂，不太会打扮，在穿着上难免有点土气，我在穿着方面完败给了另外一位候选人。

第二个是我在做贸大校友汇时的故事。那时我遇到了一个身家百亿的行业资深人士，对方看我是群主就加了我的微信，这让我的内心无比激动。为了给对方留下深刻的印象，我直接发了一段很长的自我介绍，也表达了我的需求 —— 希望得到他的帮助。

对方却只回了两个字：谢谢。

我当时极其不解，为什么没有然后了？ 现在来看，我犯了一个很多年轻人都会犯的错：只想让行业资深人士帮我，而不思考行业资深人士为何要帮我。

我发的这条微信有很大的问题，我只讲了自己需要的帮助，只想着让对方来帮助我，却没有站在对方的角度考虑问题，没有思考自己可以为对方创造什么价值。

在发完那一大段像"小作文"一样的自我介绍后，我在对方的心中留下了"只会索取没有付出"的第一印象。或许在他看来，我这种年轻人就属于还没有"开窍"的，没想过别人凭什么要帮我。

这段经历让我深刻地理解，要想给别人留下好的第一印象，一定要先考虑对方，再考虑自己。我们只有给别人留下靠谱的印象，才能和别人建立长久的社交关系。

每个人都想认识、结交靠谱的人，并与他们进行长期深度的社交，甚至达成一些合作。

那么怎样才能让别人觉得你是个靠谱的人呢？ 可以借用罗振宇的三个金句：凡事有交代，件件有着落，事事有回音。说是三件事，其实是一件事：在协作中完成闭环。

比如，我与朋友约定了10月15日要连麦直播，没想到对方 14 日的行程突然发生了变化，可能对直播有影响。他没有简单地接受事实，而是立刻尝试各种可能，来让我们约定的事情尽量不受影响。

他当天就找到了解决问题的办法，虽然还是没法按照原计划进行直播，但是他立马预订了 15 日的返程机票，同时，从变化突然发生的那一刻起，我的朋友就与我保持沟通，在找到解决方案后，我们及时对连麦直播的时间做了调整，并且对粉丝做了预告。

这样的同步沟通和后续处理就是一种态度，让我感觉到，他是一个凡事都有交代、有着落、有回音的人，这就是在社交中靠谱的表现。

除了为他人考虑和给人靠谱的感觉，想要在初次见面时给对方留下良好的第一印象，我们还要掌握一些重要且容易被忽视的社交技巧。

主动加微信

在人际交往中，让我比较受益的一点就是积极主动，它让我很好地打开了社交局面。

与别人有一面之缘或者一次交流后，我们一定要记得加对方的微信。即使是向行业资深人士要微信，对方大概率也会同意，特别是在线下。

就当下人们的沟通习惯来看，双方只有先加上了微信，有了基本的联系，双方的关系才可能长久保持，而且这样我们还可以通过朋友圈持续影响对方。一旦失去了与对方加微信的机会，我们很可能就与这个人失联了，毕竟人们现在基本上不会通过短信联系。

这是第一个很容易被忽视的社交技巧，把这一技巧变成习惯，绝对会让自己受益终身。

发一个清晰的自我介绍

不管是线下见面时加微信，还是通过线上加微信，加完别人之后，我们要尽量主动发一个自我介绍。

关于这部分操作，我分享一下我的小技巧。对新好友，我的自我介绍都分为两条。

在第一条微信中，我会介绍我的三个身份，相当于用四个"一句话模板"介绍自己。

我的自我介绍比较多，一开始，像很多人一样，我都是直接发一长串消息，但效果很不好，对方一看到是大段文字，就根本不想看了。

我将自我介绍迭代了四五轮，一点点改变，在细节上做了不同版本的调整，才有了现在概括自己身份的这"四句话"。具体内容我会在第七章的第一节进行详细的介绍。

在第二条微信中，我会发送一张图片，这张图片里有关于我的更加详细的介绍，包括我的照片、头衔、个人经历、需要的帮助、能够为对方提供的价值，以及微信公众号等内容。每一句话的字数、排版、图片的样式，都便于手机浏览，这既显得我非常有诚意，也可以让对方更好地了解我。

没事儿点个赞

想与他人维持长久的关系，有人认为需要讨好他人，这其实大可不必。平时多多关注、没事儿点个赞，就是一种很高效、很体现用心的方法了。

如果我们希望得到对方的快速关注，可以从他两三个月前的朋友圈中选三条，分别点赞。在这个过程中，虽然我们什么都没有说，但是对方发现自己的朋友圈被我们关注了，心里就会很高兴。

除了点赞，我们还可以偶尔送一些价格不高但价值感很强的小礼物，这也会给他人留下很好的印象。比如逢年过节送一些家乡的特产，这会让对方感到自己被尊重和关注。

放下面子进行社交

在商业领域，有两个维度可以用来衡量创业者，一个是能力，一个是自尊心。自尊心强、能力差的创业者，大概率不会成功；自尊心不强、能力极强的人，往往是最厉害的创业者。

雷军当年做小米时，从投资人变成创业者，他明明是很多人的"创业导师"，却还是能放低姿态，主动找投资人，主动与候选人聊天，这就是放下自尊心的表现。你可能不知道，当时，他已经实现财务自由且地位较高，完全可以找首席执行官（CEO）或者负责人力资源的人去做这些事情，但他依旧亲力亲为。这，就是他的厉害之处。

面子也好，自尊心也罢，都没有我们想象中那么重要。在大部分时候，我们都只是在死要面子活受罪。因此，无论在商业活动中，还是在社交中，我们都要学会主动，有意识地放低自己的姿态，这样我们就会收获很多的好感和机会。

以上四个技巧都能让我们给他人留下美好的第一印象。

最后总结一下，每个人的时间都很宝贵，想给人留下好印象，一定要抓紧每一分钟，尤其是见面的第一分钟。重要的事情要说三遍：千万不要浪费与任何人见面的第一分钟，千万不要浪费与任何人见面的第一分钟，千万不要浪费与任何人见面的第一分钟！

见面的第一分钟，往往就决定了你们未来的长期关系。

修炼清晰的社交边界感

我们身边有很多"熊孩子"，他们抢其他小朋友的玩具，他们不守规矩，让大人们头疼不已。他们之所以做出种种"熊"举动，往往是因为他们还没有特别清晰的边界感。

其实，在日常生活中，很多成年人都没有意识到，自己一些小小的举动也是越界的表现。

一味讨好他人，对吗

边界感不清晰的一种显著表现，是一味地讨好他人，希望得到他人的认可、赞扬和尊重。我自己就因边界感不清晰、在关系中讨好他人而吃过很多亏。

大学时期的我不太擅长拒绝别人，总觉得别人的事情就是我的事情，有人来找我干活时，我即使很痛苦也会接受。

曾经有一个朋友找我，让我帮他的朋友拍一部影片。原计划拍一个下午就能完成，但拍着拍着，我投入的时间就越来越多，我甚至要晚上熬夜干这件事，这给我带来了很多的烦恼。

我发觉这件事情有点不太对劲，于是对朋友说："我只能帮你到这里了，后面不能再帮你了。"

他后来向我求援，问我能不能再多做一个下午，或许很快就可以搞定，希望我给他面子，但是我拒绝了。

之后，我就一直在反思自己以前为什么不懂得拒绝，为什么一定要讨好他人，为什么要做一些并不是很有意义的事情，到头来让自己变得很累。

后来，我慢慢意识到，是我缺乏清晰的边界感，才让别人理所当然地找我帮忙。

用自己的标准要求别人，对吗

另一种边界感不清晰的表现是，自己做了一些事情之后，要求对方也要完成类似的事情，如果对方没有做到，自己会恼羞成怒。

比如，我主动加了一位好友，我向他做了自我介绍，也会要求对方发自我介绍给我。此时我要语气恰当，比如说"方便发一下名片吗"，强制要求对方发自我介绍就不合适了。

所谓"己所不欲，勿施于人；己所欲，亦勿施于人"，这句话的意思是：自己不希望加于己身的（不好的）东西，也不应被强加到别人的身上；同时，你想要的东西或想做的事，也不能被强加给别人。

这句话告诉我们，无论是否"己所欲"，都不能"施于人"。能否给别人某样东西，只有一个衡量标准——别人的意愿。

这，其实就是对边界感的一种把握，不能以"我为你好"的名义，要求对方一定要按照你的想法、要求去做一些事情，这会让对方产生非常强烈的不适感。

明确自己的身份和边界

与关系密切的人分享秘密、谈自己的感受、暴露自己的想法是无可非议的，但对不熟悉的人暴露自己的私密事，就会给对方带来不适感。这，也是边界感不清晰的表现。

我在创业后，特别是做了负责人、带团队后，无时无刻不在受同事、朋友及亲属的影响，他们大多会站在自己的角度给我施加压力，让我做出对他们有利的决策。

在创业经历中，有一句话对我触动很大，就是"听大部分人的意见，与少数人商量，最后自己做决策"。

这句话，我反复默念了不下 100 次。

后来，无论在开会时还是在和别人争论时，对于一些越界的表达或企图"替我做决策"的人，我都会用四个字来回复——建议收到。言外之意是："你要搞清楚状况，最后的决策是我来做的，你们的角色是参与者、意见提供者，你们可以提供意见但不要替我做决策。"

很多讨好型人格的人在当领导者的初期都有一个误区，就是他们很容易从决策者变成争论决策的角色。这种类型的边界感不清晰会给自己带来无限的压力和烦恼。

我建议你，特别是团队的领导者，在做决策的时候，一定要想想这句话："听大部分人的意见，与少数人商量，最后自己做决策。"你要明确知道哪些人是你要听取其意见的，哪些人是你要与他们商量的，以及这个决策是不是你应该做的。如果是你做决策，那你就应该独立判断，独立完成最后的决策流程，因为只有你，才可以真正对你的决策负责。

在社交关系的处理中，把握好边界感的核心原则是掌握换位思考的能力，也就是站在对方的位置去思考自己的行为是不是能被接受。

举个例子，以前跟别人连麦，我都是主动邀请对方，也会主动做好海报，当时我的想法是，我在我的群里宣传，对方也在对方的群里宣传，我的流量能够给对方，对方的流量也能给我，这对双方都好。

从我的角度来说，活动是我主办的，我一定会宣传，但对方是否宣传，应不应该要求对方做宣传，该怎么把握，这些都是难题。

很多人认为，对方也应该主动宣传，这是一种流量交换的行为，但是每个活动中都会有一个发起者，宣传是发起者应该做的，而对方宣传与否是对方的选择，我认为，除非事先商定好，否则不应该要求对方必须宣传。

我们可以适当引导，比如，给对方做好图片发过去，或者发朋友圈时 @ 对方，但不能以命令的语气要求对方也要发相关的朋友圈。边界感很重要，一定要注意，你们之间是合作关系，而不是上下级关系，而且合作还是你发起的，对方能够配合就是在帮助你。

换位思考一下，我们被别人邀请去做一次直播或分享时，前期对方不说清楚规则，等到后期，对方说自己发了朋友圈，然后要求我们也发同样的内容，我们是不是也会有点无法接受？

在日常生活中，我们要不断训练换位思考的能力，这样在之后的社交中，就能更好地把握边界感了。

现在，很多人能把握线下社交的度，在进行线上社交时却没有这种意识，不知道在社交场景中发朋友圈意味着什么。

我曾经帮别人试用一个产品，并且给出了试用反馈。没想到，对方转瞬间就把我们的聊天记录发到了我的一个社群里，当时我很愤怒，感觉自己上当受骗了，他们未经我的同意，就让我为他们的产品做了引流和背书。

这类事情经历多了，我在日常沟通中会格外注意。比如跟私董交流时的聊天记录、视频内容究竟能否用作朋友圈或短视频的素材，我一定会等对方发表意见之后再行动。我想发一些以聊天内容为主的朋友圈时，会问对方是否愿意让别人知道这些我们私下聊天的内容，这也是对他人的一种尊重。

提升边界感是一场修行，要么依靠看书、看剧，借助客观的情况让自己意识到边界感的重要性；要么就让自己在这方面吃一些亏，年轻时吃的亏，其实是一种积累。

如何区分有效社交和无效社交

我一直强调，衡量社交是否有效的重要标准是：目标是否足够清晰，自己是否清楚通过社交和建立关系能获得什么样的价值。

目的是有效社交的必备条件

如前文所述，不要把社交目的单纯理解为提供商业价值，有时提供情绪价值也很重要。比如一起看电影，一起野餐，一起旅行，都能提供情绪价值，这样的社交也是有效的。

有人天天陪客户吃饭，业绩却没有明显提升；有人到处发名片，却没有多少人理会；有人频繁参加社交活动，依然没有结交到想结交的人，这就是在进行无效社交。

我自己有过一次很差的社交体验。

早年创业时，我去一个别墅拍视频，拍完后，来了几个高价值客户，别墅的主人说，要介绍几位大咖给我认识。我在现场，也不好拒绝，想着也许对方想好了我们之间的合作点，于是就留下参加了聚会。

聚会进行的过程中，他们几个人聊得特别高兴，我在旁边特别尴尬，插不上话，他们可能也感受到了我的尴尬，偶尔找一下话题让我加入。但过了一会儿，我实在感觉无法融入，就找了个借口离开了。

事后，别墅的主人跟我发消息道歉，说自己没想清楚就让我一起吃饭，挺尴尬的，好心办了坏事。

我安慰了他，然后也告诫自己，不合适的约、太突然的约，不要硬着头皮赴，问清楚细节再决定也不迟。

这次经历就是非常临时、毫无目的的社交，对我来说是一次无效社交，没有任何价值。

经历过这些没有目的、比较随意的社交之后，我前往商务聚会前都会先问对方几个问题：我们见面聊什么？有哪些人？社交的目的是什么？

有些人会说，我想和你见面碰一碰，看看有哪些合作的可能。如果他是我的私董，我会跟他见面，毕竟他给我付费了，愿意付费的人基本就有可合作的点，对方也大概率会把合作的点想得比较清楚。

如果他不是我的私董，我可能就会先在线上把要见面谈的事情、要达成的合作确认好，只有在觉得比较合适时，我才会选择线下见一面。这就是一种有效的商业社交。

如果你的时间非常宝贵，对只是见面谈谈合作的社交，你最好事先进一步挖掘商业社交的具体内容。有些人找你见面的时候会说："你看一下我们有什么合作的可能。"这也是没有明确目的的社交，你需要仔细衡量，因为对方大概率也没想清楚合作的具体内容。

类似的可能出现合作的聚会，在早年创业时我还会经常赴约，但我在做自媒体后，一般不会花费时间和精力与对方会面。现在大部分的会面，我都会事先明确双方是能否在一件事情上产生商业价值的交换或情绪价值的共创。

从某种程度上来看，现在的社群、朋友圈、短视频和直播都是个人表达自己的工具，人与人之间在线上建立信任变得越来越高效，其成本也越来越低。

以前的社交大部分发生在咖啡厅、茶馆等场所内。比如，我要给朋友介绍一个潜在客户，我做东，把两个人都约过来聊一聊，这大概是五年前甚至八年前的社交场景。

现在的社交就是中间人拉一个群，把有合作意向的人拉进来，大家分别做一下职业介绍，有合作可能的就互相加一下微信或交换电话沟通一下，将原本一个下午才能搞定的事情压缩至 10 分钟内解决。

也就是说，基础设施和用户习惯的变化，使得大家的社交在很大程度上变得高效了。

可能有人不相信，在恒星私董会中，80% 的私董都是付费之后才跟我见面的。之前，我想和一位私董见面，但他在深圳，我在北京，我飞一趟深圳或他来一次北京都是比较低效的做法，因此我们通过连麦的方式聊了聊，彼此认识一下，同时共享一下我做私域及他做发售的一些干货知识，还顺带买了几单对方的课程，给对方吸引了流量，这就是一种高效的商业社交。

我非常认同闲聊会产生一些商业火花的观点。五六年前，我的很多关系的创立都来自闲聊。但现在，特别是做 IP 后，对闲聊特别是商业社交闲聊，我不再像以前那样随意了。

真正意义上的商业社交，其本质是一种价值交换。

想要拒绝无效社交，提升有效社交，我有一个很重要的建议送给你：外圆内方。这是来自古人的大智慧。

外圆，就是与别人相处时，要有很强的为他人考虑的能力，让别人有舒服的感觉。内方，就是你的内心要极其坚定、极其明确、极其有目标感，你要知道自己要做一件什么事情。

以这一原则进行社交、处理关系，既能让别人感觉舒服，也能实现自己的目标，其价值相对就会高很多。

如果你没有目标，或者因外表太强势而让别人感觉你的目标感太强，社交都可能变得无效或失败。之所以失败，就是因为你给他人营造了一种太强势的合作感受，只有别人能给你提供价值和好处，而你不去思考自己能给别人带来哪些价值和好处，以至于没有人愿意与你合作。

因此，有效社交的底层逻辑是做到外圆内方，与他人相处时你要有足够的同理心和利他心，同时内心有明确的目标感。

如果你基本能做到外圆内方，还想快速扩大现实中的社交朋友圈，怎么办？我分享两个方法。

借别人的势

在我看来，借助别人的势能就是认识优秀者的方式之一，往往能够起到四两拨千斤的效果。比如，通过别人介绍进入一些社群，这些社群可以是免费的，也可以是付费的；可以是低门槛的，也可以是高门槛的。通过借助别人的势能，快速连接价值观相同、段位相同的人，这会是投产比非常高的一笔投资。

造自己的势

还有一个门槛更高、投产比更高的方式，就是自己造势。如果你已经有一定的成绩，那我建议你做一个自己的核心圈层。

表面上，你是在为大家提供便利，大家凭借这个圈层获得了一些收益就会感谢你，更深一层来说，如果自己做这样一个圈层，不断经营它，你会从中获得很大的帮助。

此时，你不用一开始就想着挣钱，等到核心圈层真的能够创造价值时，挣钱是一件自然而然的事情。

什么是有效社交？

两个字的总结就是双赢，即互相能够从对方身上获取自己需要的东西。

要实现更多的有效社交，就要让自己先有价值，借助他人的势能并学着造势，建立更有价值的人际关系，从而实现更多的双赢。

什么是无效社交？一段关系，不仅不会带给你任何价值，反而会消耗你的时间、精力、心力、注意力，让你陷入内耗，这就是无效社交的典型代表。

强关系有多重要

强关系，对我们的生活具有重要影响。你是否意识到，强关系不仅能给我们带来幸福感，还能在很大程度上影响我们的成功？ 在生活中，我会花很多时间关注与我关系紧密的人，努力维护好这些宝贵的关系。

如何分辨强关系？ 我认为强关系具备以下三个特征。

占用时间最多：那些与我们长时间相处的人与我们建立的关系往往属于强关系，如家人、好友及直接领导等。在我的生活中，我与家人、朋友的亲密时光给予我强大的情感支持，让我在工作和生活中更有动力。

利益强相关：与我们的利益密切相关的人，如合伙人、投资人、大客户、供应商等与我们建立的关系也属于强关系。我曾与一位合伙人共同创业，虽然最后我们各自选择了不同的道路，但彼此的支持与信任至今仍然影响着我们。

强价值观影响：那些对我们的价值观有重大影响的人，如导师、学长学姐等与我们建立的关系也属于强关系。我至今仍感激我大学的导师，他的教诲和鼓励对我的成长产生了深远的影响。

了解强关系的特征后，我们应该如何看待强关系？哈佛幸福课的研究发现，幸福感和成功之间存在密切联系。那些幸福感十足的人往往拥有良好的亲密关系，能更好地处理情绪和人际关系。这使得他们能把更多时间和精力投入值得追求的事情，从而更容易实现成功。

强关系能带给我们爱、安全感、情感共鸣等，但并不意味着这些情绪适用于商业合作。尽管强关系对我们有很大影响，但在进行商业合作时我们应以共同利益为基础，而非仅凭情感支持。擅长的领域和能力互补的强关系更有利于实现共赢。

在处理强关系时，我们需要学会做减法，但不能盲目地减少和与我们有强关系的人的联系。我们应该掌握一定的策略，以保持与他们的联系，同时避免让自己陷入内疚和自责。理性和策略对处理强关系而言至关重要。

在强关系的社交中，我们需要关注以下几点。

保持沟通：与和我们有强关系的人保持良好的沟通，定期关心彼此的生活和工作，即使在忙碌时，也可以通过内容简短的信息或电话来表达关心。

互相支持：在对方遇到困难时给予支持，为彼此提供力量。

这种支持既可以是情感上的，也可以是行动上的。同时，我们也要懂得在需要时寻求他人的帮助。

感恩和认可：学会感激那些对我们产生积极影响的关系紧密的人，表达对他们付出的认可。这样可以增强彼此关系的紧密度，让彼此更加珍惜对方。

适度展现独立性：这一点非常重要，保持一定程度的独立性，避免过度依赖，也就是说，即使是与自己有强关系的人，彼此之间也需要边界感。

适时解决矛盾：关系中难免会出现矛盾，我们应该学会理性地解决问题，而非逃避问题。面对矛盾时，我们要保持冷静和理智，尽量站在对方的角度思考问题，寻求双方都能接受的解决方案。

不断成长：在强关系中，我们应该努力成为更好的自己，提升自己的能力和素质。这样，我们既能为他人提供更多的帮助，也能让自己在强关系中拥有更高的价值。

总之，在处理强关系时，我们需要做到提供关爱、支持，感恩，解决矛盾，不断成长，并保持适当的边界感，从而让强关系成为成长路上最强大的助力。

强关系破裂怎么办

内耗指的是一个人在自我纠结、犹豫、自责等行为中，对自身的精神和时间造成的消耗。当内耗严重时，我们会陷入疲惫状态。这种状态不仅会影响个人的情绪和健康，还会对周围的人造成负面影响。

在工作和生活中，强关系的破裂往往会导致内耗，这在很大程度上是沟通缺失和责任缺失造成的。

要避免在一段强关系中内耗，我的建议是，在关键时刻，与关键人沟通，尽可能让所有人都感到舒适。当强关系出现问题时，我们应该积极采取措施，及时处理，避免问题激化。对于强关系中的关键人，我们应该尽力了解他们的需求和意见，与他们保持沟通，及时解决问题，让他们感到被理解和被重视。

如何及时处理问题并避免问题激化呢？ 这些都需要我们在平时多加思考和准备。

我曾经因为一段合伙关系陷入内耗。创业早期，我与几位合伙人创办了一家公司。然而，有一位股份占比很高的合伙人在日常合作中却不像合伙人：情绪化严重，还不愿意加班，一直坚持生活和工作分开的理念。

他的状态严重影响了我们的工作状态，让我们几位合伙人陷入了内耗。他们向我反馈，跟这个人一同创业的感觉不太愉快，甚至他一来到公司，公司的工作氛围就会有变化。

那时，我非常纠结：让他走，不好意思开口；不让他走，又影响合伙人和员工的状态。

大约纠结了半年，我决定"劝退"他。

我通过共同的好友向他表达了这个想法。他也很坦然地接受了，说"没有问题，走就走吧"。后来，我们制定了股权清退方案，为他保留了一些股权，并在其离职后又无偿给他发了一段时间的工资，作为对他过去付出的认可和补偿。

虽然，强关系一旦发生变化，就会让关系中的双方非常难以接受，甚至产生阵痛，但一直消耗下去，对双方都不好。我们要做的就是与关键人沟通，让其他人处于相对舒适的状态。这样，我们才能让自己、同事、合伙人及公司的状态变好，才能将更多精力注入业务增长和利润创造，才能实现长久发展。

除此之外，我们要如何做，才能让强关系一直强？ 根本办法是向内求，让自己强大起来。

如何让强关系一直有效

王小波说过一句话："大多数的愤怒，源自自身的无能。"仔细想想，确实如此。

我们有能力解决问题时就不会选择愤怒。为什么我们总是抱怨找不到好的员工、满意的合伙人，甚至在寻找伴侣时也感到不满？

反过来想，当我们对别人感到不满时，别人是否对你感到满意呢？真实情况是，我们很容易对自己感到满意，并发现别人有各种问题；而别人可能也这样看待我们。因此，在抱怨之前，我们要反思自己在能力、地位、经验和财富等方面能否配得上我们期望获得的伙伴。如果不能，我们就不应抱怨，也不要气馁。

失败的人在他人身上找借口，成功的人从自己身上找原因。

当我们对现状不满意时，应该如何从根本上解决问题？向内求，提升自己。

为什么很多"富二代"都不愿意接班？他们从小生活在父母的光环下，可能缺乏经验和业务能力。接班后，他们可能面临员工不服气、元老不认同的困境。这种痛苦、无奈、纠结和愤怒的根源在于他们自身实力不足。

如果他们能独立、有能力闯出一片天地，就不会陷入痛苦，也不会与家人关系恶化。

因此，在经营强关系时，我们应该关注自身的提升。依赖别人意味着被动求助，甚至可能让自己沉沦。我们应将对别人的要求转为对自己的要求，这样才能活出自我，建立真正稳固的强关系。

第二章

弱关系的作用超出想象

你真的理解弱关系吗

在各种关系中，弱关系的定义是很简单的：不属于强关系的相互连接。简言之，大家见过面，加了微信，还互发了自我介绍，彼此就有弱关系了。

比如，今天我的私董群新加入了一个小伙伴。他在群里做完自我介绍后，被一百多个人添加为好友。如果他通过了好友申请，对方向他发了个人介绍，那么他们之间就有弱关系了。

如果你还是不能很好地理解弱关系，可以根据互动频率进行判断。如果你和一位朋友每三个月聊一次天，那你们之间就是强关系，聊天频率低于每三个月一次，你们之间就是弱关系。

很多人会认为，弱关系乍看之下就没有多大的作用，其作用应该不如强关系的作用大。事实真的如此吗？其实不然。

弱关系真的不重要吗

弱关系在关键时刻能发挥决定性作用。不妨这样想，你只需要花费 20% 的时间来维护弱关系，它却能产生 80% 的效果。

然而，在生活中，很多人并没有意识到弱关系的重要性。据我观察，这些人大致可以被分为三种类型。

第一种类型的人认为，只要维系好固定的那 10 个、20 个朋友就可以了，其余的弱关系可有可无。

这种行为很好解释。心理和行为会相互影响，这种错误认知的产生也是心理、认知的反映。就像有些人，想把工作和生活分开，就注册了一个工作微信号和一个生活微信号。然而，这样做可能会让自己忽略一些非常重要的东西 —— 社交资本。他们没有意识到，工作除了赚钱、提升能力，还能提供关系、资源的连接，这些是一笔巨大的无形资产。

第二种类型的人从来不会主动加微信，或者没有主动加微信的意识。

一般来说，人和人之间建立双向连接的可能性有以下两种：其一，如果 A 和 B 都有主动加微信的习惯，那么他们之间的连接成功率就很高；其二，如果 A 愿意主动加微信，B 不主动，那么 A 的弱关系会有很多，而 B 的弱关系会少一些。

因此，如果你还处于奋斗阶段，养成主动加微信的习惯对自己比较有利。

第三种类型的人把微信看作自己的一片自留地，看作自己的避风港。

很多人还有一个习惯，会定期删除自己不认识或不联系的人。见仁见智，我认为这一习惯需要辩证看待。比如，你特别讨厌一个人，删掉他是可以的；如果只是因为你们很久不联系或者不太熟悉，那决定是否删好友的这一行为，也是在浪费时间。

你今天加了一个好友，你能保证以后你们不会有联系吗？当你真的有需要的时候，他或许会成为你的"救命稻草"。千万不要等到遇到紧急情况时再追悔莫及，那就得不偿失了。

很多人不重视弱关系，还有一些人过分重视弱关系，以至于强行把弱关系变成了强关系。你可以感受一下，"强行"二字是不是和"强扭的瓜"一样，其结果可能不会甜。

重视可以，但别过度

在生活中，你是否遇到过下面这样的情景：刚刚认识一个朋友，下一秒你就把对方当成了知心好友，无话不说，以至于让对方有点不适应。

这就是强行把弱关系变成强关系的行为，具体表现就是太重视弱关系，以至于没有拿捏好分寸。

这种行为的具体表现主要有两种。

第一种：交浅言深。

明明你们刚认识，关系还比较生疏，却谈论一些比较私密的话题。比如，你刚刚失恋，想找人倾诉，找到了刚认识的朋友，这就显得很不合适了，会给对方留下不好的印象。

第二种：一厢情愿。

在彼此交情还不深时，突然提出一些很过分的请求，比如借钱。

我有过类似的经历。有一天，一个刚认识两天的朋友突然找我借钱，我觉得挺不合适的，就没借给他，而且我对他的印象也一下子变差了。

后来，我才知道，这个人只要换一份工作，就向身边同事借钱而且借钱不还，等大家识破他的圈套后，他就赶紧换下一份工作。

我们不仅要善待熟人，还要善待遇到的陌生人，这个世界上任何一位陌生人，都可能在下一秒和你建立弱关系。

与优秀的陌生人建立关系，相当于为自己建立了一条条信息渠道。不过，不看重弱关系或太看重弱关系都是误区，我们在社交时一定要格外注意。

问题来了。我们要如何与生命中的弱关系连接？ 以我的经验来看，管理好社交内容是个不错的方法。

如何维系弱关系

社交内容有两种。

第一种是爆款内容、优质内容，比如国内外发生的大事、国家最新颁布的政策。这种内容与每个人息息相关，大家需要主动了解。

第二种是千人千面型内容，这也可以被称为社交内容，对个人来说极其重要。这种内容的最大特点是，内容本身对每个人的价值不一，你对这个内容感兴趣，不代表它就对别人有价值。

比如，海南省某个高校，来了一个水产类专业的新生，学号是 10，这对你来说没有价值，但对他的室友、他的辅导员来说，是有意义的。

目前的社交，主要发生在微信群和朋友圈里，那么如何管理社交内容？

答案就是，站在对方角度，发布对方关心的内容。

比如，我和一位刚认识的朋友都喜欢车，我可能在群里或朋友圈发一些与车相关的动态，他看到后就会与我交流讨论，这会让关系变得更紧密。

除此之外，我也会用微信提供的工具管理内容，单向屏蔽功能我用得比较多。

点击"打开"按钮之后，我发的朋友圈好友能看到，但对方发的朋友圈我就看不到了。如此一番操作下来，不仅我的朋友圈会干净很多，还能确保我刷到的内容是优质的，我也更能精准地建立与自己志同道合的弱关系。

弱关系在社交中有哪些优势

你是否曾经有这样的体会：身边那些经济状况不太好的家庭，可能通过网络获得更多帮助；接孩子时，和遇到的家长的无意交谈，可能会让自己在瞬间捕捉到有用的信息；创业陷入困境时，那些不熟悉的人提供了稀缺资源，帮你渡过难关……

弱关系，可以提供一些你不知道且有用的信息，可以帮你突破熟人社会的边界束缚，可以把不同的人际关系连接起来，打开你走向外界的通道。

你不知道的信息或许就隐藏在你身边，你的机遇或许不在目前的圈层里。在人的成长过程中，我们常常听到"有志者，事竟成"这句话，但有时候，成功的关键其实在于"有缘者，事亦成"。

很多事情都需要在特定的时间、由特定的人做才能办成。

你是否遇到过陌生人给你提供的突破口？你是否遇到过特定的人在你的人生道路上不断助你向前？

弱关系在人际交往中的作用不容小觑，它为人们提供了更多可能性，创造了更多机会。因此，你在职场和生活中，不妨尝试一下与陌生人社交，或许会有意想不到的收获。

弱关系的作用有哪些

1. 弱关系是破圈的重要渠道

每个人最多只能维系 20 个熟人，其中大部分都是强关系。强关系通常来自同一个圈层，收入、事业相近，彼此拥有高度重复的信息，这也会带来很大的局限性。

然而，人的需求是多种多样的。如果要突破圈层，你就必须认识到弱关系的价值。

如果你身边的强关系都是普通职工，工资只够自给自足，那么你要想有所发展，就应该从弱关系入手，寻找新的机会。

2. 弱关系能提升认知、改变思维

为什么强关系会在关键时刻失效？原因很简单，强关系的人与你有相同的价值观、相似的机会、差不多的认知，相处时间久了，彼此的思维就固化了。

比如，如果你是一名木匠，每天的工作都是用锤子和钉子把木头连接在一起。长此以往，你会认为只要是有木头的地方，就会用到锤子和钉子，你要做的就是用锤子敲打钉子。这就是思维固化的表现。

如何让思维变得更开阔？《穷查理宝典：查理·芒格智慧箴言录》中写道：你必须拥有多元思维模型。而多元思维模型来自不一样的人，听不同的人讲不同的事情。

只有与不同圈层的人、不同类型的人、不同领域的人交

流，才能改变你的思维方式，让你开阔视野、提升认知。

3. 弱关系也是救急的重要来源

人在一生中总会在不同领域遇到不同问题，如果在各领域有弱关系，在关键时刻这些弱关系可以提供一些建议或实质性的帮助。

我们群里有一位大 IP，他有 20 多万个私域微信好友，他的母亲得了重病。虽然他不认识医生朋友，但是他可以借助私域的力量。他发了一条朋友圈后，几十个人发私信给他，说自己认识某个医院的医生。在这些弱关系的帮助下，他快速找到了水平一流的医生，让他的母亲得到了对症治疗。

既然弱关系有如此强大的作用，为什么还要被冠上"弱"这个字眼呢？

弱关系究竟弱在哪里

弱关系的"弱"不体现在价值上，而体现为弱目的、弱维护和低信任度。

如何理解弱目的？ 在通常情况下，我们建立弱关系时，往往没有很强的目标意识，只是与对方建立了联系，并不会直接与对方发生交易或建立合作。

如何理解弱维护？ 比如，小张和小李是大学同学，大学毕业后联系很少，他们之间从强关系变成弱关系。2022 年春节，小张给小李发了一条拜年短信，发现彼此上一次联系还是在 2021 年的春节。

即便联系频率如此低，他们也不会删除对方，在关键时刻还是会向对方寻求帮助。

基于这两大特点，弱关系在突破圈层、改变自己方面有更强的命中率。

命中率，指的是诉求的解决率。当你和不同领域、不同行业的 1000 个人建立弱关系后，你的大多数需求，如就医、教育、法律救援等，都可以被更快速地解决。

不过这只是理想状态，弱关系还有另一个特点：低信任度。

设想，现在的你只身来到了某陌生的大城市，找工作不顺利，钱马上就要花完了，只能借钱来暂渡难关，你会找与你有强关系的人还是找与你有弱关系的人？

我猜大部分人会找与自己有强关系的人，毕竟与自己亲密无间的人此时大概率会愿意帮忙。

但是，如果你没有能力，想通过弱关系借钱改变自己的生活，那大概率是无法成功的。

如果你能力很强，只是出了一些变故才穷困潦倒，那么与你有弱关系的人可能会伸出援手。也就是说，弱关系注定是一种低信任度关系，当面对只有高信任度的人能办的事情时，与你有弱关系的人会权衡利弊；一旦发现你本身不具备价值，或者没有潜在价值，他们将不会起到任何作用。

既然说到借钱，那作为一名被借人，我们应该从哪些方面考虑问题？

首先，借给自己信任的人，比如与自己有强关系或者与自己有弱关系但知根知底的人。

2021 年，突然有一天，已经十年没有联系的初中同学找我借钱。虽然我们联系少，但是借款数额不大而且他很讲规矩，说明了还款能力，也约定了还款期限，因此我直接把钱借给他了。

其次，借款理由要合理。

借钱，一定要有正当的理由，或者有着急的事情。

比如，结婚急用钱买房，不仅需要双方父母资助，也需要身边朋友在资金上提供一定的支持。这就是一个比较正当合理的理由。

如果对方的借款理由是对方穷困潦倒或是非正当的，那么我一定不会借钱。

最后，借款数额要在可控且合理的范围内。

比较小的数额，会减少被借人可能产生的损失。

比如，你的房款是 100 万元，你想"众筹"，那就要多找一些朋友，每个人借几万元，这样成功的概率比较大。

在信息四通八达的时代，弱关系正发挥越来越大的作用。如果你意识到这一点，请善待每一个与你有弱关系的人，说不定他就是你的下一个贵人。

如何批量搭建弱关系？
首推一书一课一社群

在互联网发达的今天，微博、微信、抖音等工具，把大量原本相互不熟悉的人连接在一起。

有些人知道弱关系的概念后，摆出一副大彻大悟的样子，开始到处加微信，以为这样就能走上人生巅峰。

这是一种对弱关系的错误理解，除了给人留下笑柄，不会产生太大的作用。

接下来，我想介绍，如何在工作和生活中搭建弱关系。

这个问题其实等同于"如何做 IP"。

如果你想走上这条专业玩家的道路，那么我建议你，系统地打造自己的个人 IP，从搭建一书一课一社群开始。

为什么是一书一课一社群

什么是一书一课一社群？为什么要以此开始搭建弱关系？书和课程是高效的产生弱关系的工具，社群则是搭建弱关系的结果。

书是确立人设、与他人产生联系的工具。写好一本书可以将自己的专业转变为背书，让自己快速地建立人际关系。

课程能够更加立体、全方位地展示自己的优势，筛选出适合的合作伙伴，而且还能实现盈利。

除了书和课程，建立社群也是吸引陌生人、建立弱关系的方法之一。

社群是一个批量运营弱关系的产品，我们把符合要求的人拉到群里，群成员互相产生联系，交换信息，分享价值，继而创造合作，发生交易。

从费用情况来看，社群有两种类型，一种是免费社群，另一种是付费社群。当你的能力有限时，我建议你先从运营免费社群做起，等到能力足够强大时，再运营付费社群。

毕竟，付费意味着履约，社群不活跃时就会有人退费。免费社群对履约的要求比较低，运营时会相对轻松一些。

目前，我主要运营的社群有 1 个核心社群、4 个高端社群、20 个其他付费社群。

核心社群：恒星私董会，一个付费社群。

高端社群：我跟我的私董合作推出的一些社群，包括出版主题的"书香学舍"，小红书主题的"红人馆"，直播主题的"星光私董会"以及 AI 主题的"AI 老板圈"。

通过一书一课一社群，我建立了很多弱关系，并建立了强大的弱关系整体。同时，我也因此得到了相应的回报：找到了 4 个轻合伙人，投资了 5 家公司，每年被动收入达数百万元。

如果你是一个比较用心的人，想要搭建并且维护好弱关系，一书一课一社群是一种非常好的方式。

几步才能批量搭建弱关系

一书一课一社群的具体操作步骤如下。

第一步，只有先经营好强关系，积累信誉，我们才有更充足的时间积累弱关系。

我们不会因为成功而幸福，只会因为幸福而成功。

因此，我们只有在经营好与父母、亲人、密友等人的各种强关系后，才会有充足的时间和精力去经营弱关系。

比如，你天天和亲人吵架，每天因为一些小事而消耗大量的时间和精力，那你还有时间、精力去链接高价值的弱关系吗？

因此，我们只有处理好强关系，才能大量累积弱关系。

第二步，我们一定要有一个明确的标签。

明确的标签是批量维护弱关系的前提。

如果我们没有清晰的目的，没有明确的标签，也没有一技之长，那么在维护弱关系方面就会心有余而力不足。

第三步，做到精准人群社交，搭建好自己的私域或弱关系。

做好这一步的关键是，时刻想着加微信，主动加微信，加尽可能多的来自精准人群的人的微信。

第四步，注重朋友圈分享或者内容创作。

要做好弱关系维护，我们需要做好细节。其中一个体现用心的细节是维护好朋友圈。朋友圈的本质是简单的内容创作，做起来相对容易。

大多数人做到前四步基本上就很优秀了，我们如果想进一步，可以继续尝试后两步。

第五步，设计标准化的产品，做知识付费。

做课程、出书是很多知识博主的标配。

第六步，书和课是知识付费的入门产品，之后还要有重度的产品。

高客单的社群、高客单的产品，是构建有壁垒的 IP 的前提。如果只有低客单的产品，那么我们在很长一段时间里都不能构建商业护城河。IP 的竞争，最终是客户案例的竞争。

以上六步，是从搭建弱关系到完成弱关系的维护，并把弱关系变成强关系的关键所在。

如果你能按照这六步慢慢来，我相信，半年、一年或者两年后，你的社交关系很可能会发生质的飞跃。

不过，有一点也需要注意：做产品的时候，不要刻意强调数量，应多在质量上花心思。

2021 年，我做了四个重交付的知识付费产品，分别是创富圈、私董会、线下课和代运营。

为了把这四个知识付费产品都做好，我花了很多时间和精力，有点筋疲力尽。2022 年，我想明白了一个道理：少就是多，专注于一件事情，就会把事情做得更精细、更专业。因此，那一年我只做了恒星私董会这一个重交付产品，并且运营得很好。

直到把恒星私董会这个重交付产品做好，我才在 2022 年年底推出另一个更重交付的产品：赋能我的私董，做垂直行业的私董会。

这两个产品采用的是一套模式，本质上是一个产品。

交付任务越重，责任越大，可是时间和精力有限，想都做好，就容易都做不到极致。可见，我们不要设计太多交付产品。

回到弱关系本身。如果你现在还是一名没有打开自己圈层的普通人，想要改变现状，那么你完全可以按照前面四步，大胆建立弱关系，持续收集和梳理弱关系脉络。

通过弱关系不断扩展新的人际关系，你在未来或许就会有无限可能。

不熟悉的人也能帮你成事

弱关系需要弱维护，有弱关系的人之间可以联系间隔长、联系次数少，但这不意味着不维护，相反，弱关系需要刻意维护，只是维护成本低。

分享一个经典的维护客户关系的理念，和私域运营有关，有两个核心：第一个核心是通过标签做分层运营；第二个核心是千人千面，这属于极致运营。

弱关系的维护并不难

作为一个商业 IP，我主要将弱关系沉淀在微信上，而商业 IP 的弱关系也被我们俗称为"私域"。

我将私域用户分为四个层次。

第一层，普通的私域用户。他们看到我的书，看到公域的一些短视频或直播，会进入我的私域，成为我的微信好友。

对于这种关系的维护，我的做法是，每年给他们送我的产品。比如，每年在私域赠送的一万本定制版图书，我会在腰封上加上对方的名字，而且会专门花时间签名，这能体现我的用心。

同时，我还会每天发 1 ~ 5 条朋友圈，通过立体的人设和鲜活的故事，维系好这一层次的弱关系。

第二层，付费的低客单用户。对于这一层次的用户，我会让他们加上我的某个微信大号，看到消息后我会回复，并保持低频率的互动。

第三层，付费的高客单用户。对于这一层次的用户的维护，我会更加用心，不仅会把他们拉到我的核心社群 —— 恒星私董会，还会安排线下见面等各种活动和聚会。

第四层，重要的高客单用户。我与这一层次的用户的关系，就属于深度的关系。比如，定期开会，有问题随时进行语音通话，再比如，记住他们的生日并在生日当天主动发消息；我还会在他们人生的关键时刻送一份定制礼物。

理论终归是理论，不同的人可能在对理论的理解上会有偏差，举个例子更容易理解。

在大学阶段，得益于一位师兄的指点，我少走了很多弯路。毕业后，我们偶尔会在微信上聊聊天，我也记得他的生日，会发个红包表达心意。

有一天，我跟他说，要在北京买房。当时，他正好担任某房地产公司大客户总监，就带着我去看房，凭借自己的谈判能力，帮我争取了不少优惠。

对我来说，这位师兄与我的关系就是重要的弱关系，对这个弱关系的极致维护为我带来了实际的价值和帮助。

以上，是我对私域用户划分的四个层次。

有人可能会问："能不能不要活得这么累？"

我的私董——润宇老师的一句话，让我非常受用，我也把这句话送给你：顺着人性做生意，逆着人性修自己。

打标签、记生日、做产品、做交付，可能大部分人都不愿意做，但是想要改变自己，想要成功，就要承担一些他人不愿承担的事情。

要知道，有一种快乐来自多巴胺，这是顺着人性的快乐，比如刷抖音、看电影、吃美食、谈恋爱。

还有一种快乐来自内啡肽，这种快乐是由成就感带来的，比如锻炼、读书、创作、出书带来的成就感。我们通过挑战自己获得成就感，获得别人的称赞，这会让我们的内心更加富足。做事时累是必然的，但我们做成事之后会产生巨大的成就感，这会让自己更快乐、更愿意挑战。

筛选弱关系的三点建议

接下来，我来问你一个问题：弱关系都值得维护吗？

先说一下我的观点。弱关系需要维护的前提是我们已经筛选出值得建立强信任的弱关系。

如何筛选？ 我有三点建议。

第一点，找跟他熟悉的人，特别是与他亲近的人，了解他的口碑。如果他身边的人对他的评价都不好，那么大概率这个人不值得交往。

第二点，对方长期展示朋友圈。如果对方不认识我，朋友圈不仅对我仅三天可见还没有任何内容，我对他的信任成本就会很高。

第三点，对方有一个自主运营的社群，可以是免费的，也可以是付费的，并把我拉进去。能做到这一点的人非常少，但如果有这样的条件，就意味着，他对我开放了自己的核心社交关系，相当于向我展示了没有被铠甲挡住的身体部分。

如果一个人口碑不好，朋友圈里还什么内容都没有，也没有向我展示他的人际关系和能力，那么我肯定不会和这个人建立强信任，也就不会和这个人深度合作。

对于这些无法与自己建立强信任的人，你要学会控制风险，控制投入，该远离就远离。

如果把时间浪费在口碑不好的人身上，你会产生大量的内耗，而且往往得不到结果。

很多人之所以忙忙碌碌却碌碌无为，是因为他们的时间被浪费在"错误的人"和"错误的关系"上了。

你会使用工具吗

在移动互联网时代，提高效率永远是我们追求的目标。要提高维护弱关系的效率，我的方法是适当使用工具，使沟通更加高效。以下是三点小建议。

第一，掌握日程管理软件的使用技巧，以定期提醒自己重要日期和重要事项。

第二，在进行自我介绍时，可以利用手机输入法的快捷输入功能。例如，点击输入法中的话筒符号，进行语音输入，文字就会出现在聊天框中，之后就可以直接点击发送。

第三，使用一些规模化的软件也很有帮助，它们的功能非常强大，例如可以实现带昵称的群发、批量添加好友、管理微信群、自动通过添加好友请求及自动加入群聊等。不过，这些软件也会带来一定的风险，因此我不太建议新号使用，老号也可能受到权限限制。

除了使用工具，在维护微弱关系方面，我们还有一些小技巧需要掌握，例如送礼物和收礼物时需要注意分寸。

送、收礼物也有讲究

在 2022 年 9 月，我完成了人生大事 —— 结婚。现场有朋友直接发红包，也有朋友送礼物，这些礼物中最让我们感动的是那些价值感高却不太昂贵的礼物。

对彼此来说，这些礼物代表的价值很高，但实际上花费并不很多。

对于送礼物和收礼物，我有一个故事分享给你。

还是在多年前，在做贸大校友汇时，我有一个让人印象非常深刻的经历。

当时，我和负责运营贸大校友汇的老师有了一些小摩擦。为了缓和关系，借助弱关系的力量破圈，我主动"负荆请罪"，还给老师带了两个礼物。

第一个礼物是我大学创业时给学校做的文化纪念品 ——"贸牌"。这个礼物很便宜，不到 20 元，但有非常强烈的个人特色和学校特色。

第二个礼物是我刻录的内有毕业典礼视频的光盘，只花了 5 元。

我在送出这两个礼物的同时，向老师讲述了我的创业故事、产品背后的经历，表明我对学校有认同感且有商业思维，知道什么事情该做，什么事情不该做。

讲完这些之后，老师收下了两个礼物，开始全力支持我的工作。

送礼物有讲究，收礼物也有讲究。

非常重要的一点是，收到礼物后你要拍照并称赞。拍照片后，你要把照片发给对方，表明你收到了这个礼物；称赞是在告诉对方，这个礼物很好，自己很开心并且很满意。如果是针对重要关系，你可以发朋友圈并圈出对方。发朋友圈可以让对方更加开心，他会更加确定自己送的礼物是到位的。

弱关系最厉害的地方在于，它是跨越多个圈层的，代表多元的视野和知识，也能提供更丰富的经验。

由形形色色的人组成的弱关系避免了强关系中的同质性，可以最大限度与我们互补。

只要懂得运用弱关系，用开阔性社交从外界汲取营养，我们就能拥有更强的实力，进而发展事业。

弱关系，只能是弱关系吗

社交是因，关系是果，社交可以改变关系，不社交也可以改变关系。社交多了，弱关系就会变成强关系；一旦断了联系，再强的关系也会变成弱关系。

例如，小时候我们和好朋友、关系好的同学，每天一起上课放学，一起被老师责骂，一起出去玩，彼此的关系在当时是强关系。毕业后，双方渐行渐远，从天天聊天到一星期聊一次，再到一个月、半年、一年甚至几年才聊一次，彼此之间就慢慢变成了弱关系。

当然，弱关系也不是一成不变的，它会随着接触频率的增加而变成强关系。

例如，我们与在创业路上遇到的合伙人或陪伴我们走过一生的伴侣之间，最初都是弱关系，经过长时间相处，彼此之间才逐渐建立了强关系。

我们的人生中充满了相遇和别离，这也许会让人有些伤感。不过，关系本身就是动态平衡的，它不断变化着。那么，在什么时候我们才能发挥弱关系的作用呢？

动用弱关系的时机

当你有新机会，想实现人生跃迁时，弱关系是一个不错的助力。

我在银行系统中工作一段时间后，萌生了创业的想法。为了不白忙一场，我主动参加了一些活动，建立了很多弱关系，并通过学习逐渐建立了强关系。这让我抓住了一些机会，并实现了事业的长足发展。

当你有了新的目标，一定要学会借助弱关系的力量去实现。

无论想环球旅行、换城市生活还是换工作，这些都是目标。当你有了新目标，你就要有意识地把弱关系变成强关系。

比如，你所在的部门的员工都面临被裁员的风险，这时提升自己的价值是徒劳的；相反，你被调到其他部门可能更好，而通过弱关系进入行业内优秀的公司是最佳选择。

如何将弱关系转化为强关系？我有一句口诀：积极主动，价值互换。这里的价值，可以既是商业价值，也可以是情绪价值。

对弱关系主动些，真没坏处

你有追求喜欢的人的经历吗？ 在我看来，维系关系并将弱关系变为强关系，就像追求喜欢的人一样。

为什么很多人遇到自己喜欢的人后不敢表白？ 因为他们太注重面子了，生怕被拒绝后颜面扫地。

其实，面子并不是那么重要。仔细想想，表白只有两种结果：要么失败，感觉失去了一点自尊，有点尴尬而已；要么成功，实现了"抱得美人归"的愿望。

无论追求喜欢的人，还是维系弱关系，积极主动一点，我们不仅不会有太大损失，还可能会有意想不到的惊喜。

从小，老师就教导我们，要积极主动地做事。这听起来很简单，但能真正做到的人却很少。我想分享一个我让竞争对手变成亲密朋友的故事。

几年前，公司来了一个新的高管 A，他刚来的时候让我帮他处理竞业协议问题，如果前公司索要赔偿，希望我来负责。我当时立刻答应了。几个月后他的前公司真的起诉了他，法院判决下来，他真的要赔偿前公司。

后来，我慢慢与这个 A 有了更多接触，他经常在我面前诋毁他的前老板 B。但在我看来，越高层的老板应该越包容、越亲和、胸怀越宽广，越能够包容不同的事情。

　　为了减少赔偿，我决定和 A 的前老板 B 沟通一下。结果，我们发现彼此是老乡。不过，他还是拒绝了我的请求，因为他觉得这个合伙人有些事情做得很过分。

　　我也很理解他的做法。我们互换了微信，成了朋友。

　　大概一年后，A 离开了我的公司。我发现，合作到最后，我吃了个大哑巴亏：自从 A 进入公司，公司赔了将近 1000 万元。而 A 不仅带着挣的钱走了，还留下了很多麻烦。

　　有一天，我实在忍不住内心的苦楚，主动提出和 B 再聊一聊，毕竟我们俩被同一个人"害"过。我们敞开心扉地聊了近三小时，他们俩的故事好像"农夫与蛇"。

　　原来，A 创业失败后，B 不仅收留了他，还帮他还清了所有债务，又提供了资金助他翻身。没想到，A 与公司其他高管相处得很不好，然后就离开了。离开时，他还带走了一批人，做了和 B 的公司一样的业务。这时，我理解了 B 的愤怒，认为 B 要求赔偿也是合情合理的。

　　事情的反转来得很快，让 B 没有想到的是，A 竟然上演了同样的戏，又让我们公司给他兜底了。

　　这次聊完后，我和 B 变成了亲密的朋友。在面临一些困难时，他给了我很多帮助，帮我们公司渡过了难关，我在创业路上又多了一个重要的伙伴和导师。

　　当然，在积极主动的同时，我们也要注意一些原则，否则就容易把自己变成一个老好人。

该拒绝就拒绝，不做老好人

我发现，很多人在做事时总是抱着"免费"的心态，要一些自以为是的小聪明。如果你不敢拒绝他们，那吃亏的就是你。

我曾经在这方面也交了很多"学费"。

当时有一个客户和我沟通得很好，有意向加入我的付费社群，并成为核心私董，但他提出了先见面再合作的要求。他很优秀，也很有能力，我就心软了，同意先见面再合作。

见面时，我发现，他带了一个小团队，我们从下午两点聊到了五点。在这三小时里，我把做 IP 的知识点全讲了一遍。功夫不负有心人，聊完之后他答应加入我的付费社群，我当时也很开心。

很多天过去了，对方却迟迟没有动静。我主动给他发消息，但我一条回复都没有收到。我当时特别沮丧，反思之后发现，他的优秀人设可能是包装出来的，前期的承诺就是在给我"画饼"，因此他达到目的后就不再联系我了，也不履行之前的约定了。

经过这件事情，我给自己定下了一个规矩：付费之前的见面要求，不要轻易答应，除非是我想要主动联系的人提出的，或者我们有了明确的合作可能。

我想说的是，如果你的时间宝贵，甚至你像我一样在做IP，在用自己的时间养活团队，那么当别人主动联系你时，你不能太心软，该拒绝的一定要拒绝，无论对方有多厉害。

如果对方的要求不符合你的办事原则，你就要先保持警惕。

同时，如果你主动联系别人，请求对方帮忙，也千万不能抱着"免费"的心态，要做到将心比心。

在任何场合，建立关系的最有效的方法永远都是保持真诚。

有智慧的人关注原因，而大部分人更担心结果。厉害的人关注社交，普通人只关注关系。

不管是强关系的维护，还是弱关系的链接，不要总埋怨"关系"不好，要想为什么没有种下"社交"这颗种子。

第三章

手把手教你做 IP，借社交形成影响力

你的社交是系统性的吗

虽然有人认为社交一定是系统性的，但是我认为这种说法有点绝对。

社交是否具有系统性，应该取决于你的社交目的。如果你的社交目的是提升自身价值，那你就需要系统性的社交；如果你的社交目的是岁月静好，让自己能够独自美丽，那你的社交就不需要系统性，你只要按照自己的想法做，过上想过的生活即可。

不同的价值观、不同的目标，都会影响社交的走向。

因此，你只有清楚自己的价值观和目标，才能更好地规划社交计划，达成自己的目的。

社交，是可以拆解的

在我看来，一个完整的、系统性的社交，主要包含以下三个要素。

目的 —— 最核心的，要做到以终为始。

你要问问自己在内心深处想要与谁达成怎样的关系。是找到合适的对象，挖掘一个潜在的合伙人，还是与成功者建立投资关系？ 这些都可以是社交目的。

路径 —— 大概按照"找圈层 — 找人 — 筛选"的模型，找对应的人。

在确定社交目的后，你要想一下能够实现这个目的的对象所属的圈层类型，然后到对应圈层，找对应的人。

这一类似筛选的过程，是为更快实现目的服务的。

行动 —— 按照既定路径执行，最终达成目标。

有一点需要注意，这三个要素之间存在一种循环，既定的目的可能会随时变化，也可能在执行的过程中，你发现设想是错误的，进而改变方向，随时调整路径和行动。

某一年，我找技术合伙人时，就是按照这三个要素做的。

刚开始创业时，我急需一位技术合伙人，而我的本科学校不属于综合类院校，其中很少有学生会编程一类的技术，因此我无法从校友里找到真正懂技术的合伙人。

但是要在 2014 年做互联网行业的公司，我就一定要找到技术合伙人，否则公司就没有产品，也没有办法融资，甚至估值都会被砍半。

为了快速找到合适的技术合伙人，我设计了三种不同的模型。

第一种模型，在一些学习的圈层里找合伙人，可能会挖来一些退出合伙人。

当时，我加入了一个"加速器"，其他公司的老板经常带自己的首席技术官（CTO）出席。在这里，我认识了三个新来的 CTO 和有技术背景的 CEO，并和他们进行了深度交流。

可是，一旦我向对方表达了类似"要不要来我这"的想法，对方就会断然拒绝，表示不愿意离职跳槽。

后来，大家都知道了我要挖 CTO，有了戒备心，总是提防我，也不愿意带 CTO 过来了。

结果可想而知。这种从相对已经成熟的圈层找合伙人，是一种错误的筛选方式。

之后，我设计了第二种模型，通过在招聘软件上发布招聘信息找技术合伙人。

我不断发布招聘信息，直接和对方沟通，但和一些人沟通之后并没能找到特别合适的人选。

真正优质的人才可能并不在这些渠道里，以这种方式只能找到前端、后端一些能具体开发代码的人员。

无奈之下，我暂时找了一个技术外包，为我们公司的第一阶段的工作服务，但我对这种情况不太满意。

尝试两种我不满意的模型之后，我开始用第三种模型——组建社群，直接对外表达"我们公司要找一个技术负责人"的想法。

当时，我们刚好组了一个"北京打德州"的 CEO 的圈层，认识了一个极客，他给我推荐了一位朋友。

这位朋友在美国读完本科和硕士之后做了程序开发员，后来想回国创业。

简单和对方沟通之后，我发现他和我年纪相仿，也有创业的梦想，彼此对对方都比较满意。2016 年年底，他加入我们公司并成为 CTO，我们创业团队的全面化完成了。

整体规划下来，系统性的社交完全可以按照"目的＋路径＋行动"的模型去做。

要想让社交效率提高，我们也需要对社交模式进行系统梳理。做恒星私董会时，我从自身创造价值的角度，对社交模式进行了思考，逐渐提炼了"社交金字塔"的理念，供大家参考。

社交，也是可以分层的

在我看来，商业社交从低到高，可以分成四层。

第一层，有连接。

既然能被称为弱关系，那彼此一定有双向连接，就是彼此互为微信好友或者认识。

第二层，有交流。

这很好理解，就是保持一定频率的交流，既不会互删好友，也不会失联。

第三层，有交易。

双方之间有交易来往，不管礼尚往来，还是相互购买彼此的产品，都是交易来往的方式。到达这一层的难度稍微高一些。

很多时候，有过交易行为的关系就是不一般的关系。无论这个人把话说得多好听，我们也只能通过真正的交易看透一个人。

第四层，有深度合作。

比如，股权的合作或者一些大型的合同约定，这些都属于深度合作。

做恒星私董会时，我一直在参考以下这个方式。

首先，不断增加群里的双向链接，让群内成员互相加好友。

一个新人进群后，我会让他先发一段自我介绍并配上随机红包。这段介绍能让群里的成员了解他；这个红包能让他与100个好友产生链接，增加互动的机会。

其次，经常引导大家交流，不断创造线上、线下互动的机会。

线上互动的机会有茶话会，线下互动的机会有闭门聚餐，目的是让彼此产生更有深度的交流。比如，每次聚餐之后，大家都是三三两两一起走，这三个人在一起谈合作，那两个人在一起谈项目，这会增加彼此的认可度。

同时，我鼓励群成员寻求交易机会。

比如，我允许群成员在群里发广告，但是广告一定要配红包。

一般来说，社交媒体上千次曝光成本 40 元，相当于一次曝光才需要几分。考虑到群里成员时间宝贵，我们群里的规则是，一条广告配 500 元的红包，发 50 个红包，每个 10 元，以这样的方式，让群成员寻求交易机会。

最后，不断促成群里的重要合作。

比如，王姐在群里找到了操盘手，李哥在群里找到了合作伙伴，要说收获最丰硕的，还得是我自己，找到了携手一生的伴侣。

如果你想进行社交，也可以遵循这样的方式。在此基础之上，我们还要养成系统思维，全面综合地完成每一次社交，这更有助于打开社交局面，获得更好的机遇。

如何养成系统思维

在社交时，想养成系统思维，无外乎做到以下三点。

第一点，有强烈的目标感，知道自己的目的是什么。

第二点，有运营思维。

关于运营的解释有很多，不过有一个比较广为人知的口诀：拉新 — 留存 — 促活。

通俗来说，就是对达成目的的路径进行分层，不断让下一层的人往上一层转化，最后让大部分人都到最上面那一层。

比如，做客户运营，其目的不外乎找到客户，留下客户以及让客户付费，这就是运营思维。

必须强调的一点是，运营思维很重要。要完成一次社交或者达成建立关系的目的，就要把达成目的作为运营的一个步骤，然后去运营时间、运营社交内容。

第三点，不断复盘。

在尝试一个新东西时，我们往往无法一步到位，第一步就出错也是很有可能的。

当我们有了复盘思维，准确的答案就会被层层推导出来，我们距离真相就会更近一步。

定位，真有那么重要吗

我们能否在一项事业上最终取得成功，从某种意义上讲，取决于我们对自己的定位是否准确。

这，就像外出旅行。

首先，要明确去哪里，这是目的地。

其次，要知道自己在哪里，这是定位。

最后，我们才能做出向哪个方向走以及怎么走的判断。

如果一个人只知道目的地，却不知道自己的位置，也就没有前进的方向，就可能越努力离目的地越远。

做好定位，等于成功了一半。这个道理，在社交中同样适用。

定位的作用有哪些

一家顶级企业，会选择能力平平的员工吗？答案是否定的。成绩好，擅长主动进行社交，能够帮助企业取得更多的经营成果的员工才是企业愿意选择的。其他关系也是如此。

前几次创业时，我总觉得这个合伙人不是最合适的，那个合伙人也不是最厉害的，要是他们很优秀，我肯定就成功了。

后来，我想通了一个道理，我期待拥有的那些优质合伙人，可能也看不上我。谁不想找一个有资源背景、有大厂工作经验、能够融资，还有成功创业背景的合伙人？

我得出了一个结论：好的定位以及自身实力，一定是前面的1，后面的0是做的所有社交策略。

如果前面的1不够强，再多的0都只是虚假的表象。一旦对方想要细致了解你，就会发现你的1不成立，有再多的0都没有价值。

定位时要考虑哪些要素？我的《超级个体：个体崛起时代的财富方法论》一书里，有一个定位七字诀：喜欢 — 擅长 — 易变现，对应的是想做 — 能做 — 可以做。

这是超级个体定位的"秘诀"，也是我们定位时应该考虑的三个要素。

也就是，找到自己喜欢的、擅长的以及容易变现的事情，从而进行直接的、精准的定位。

一个人只有正确认识自己，才能给自己一个准确的定位，然后才能选择自己适合并且擅长的事情，才能使自己的人生之船不迷失方向。

一旦身份、地位、职业发生变化，我的定位怎么办？

定位当然需要随着人的成长不断调整，这就像一个人的目标只有不断升级、迭代，他才能有更好的未来。

定位，怎能一成不变

定位，从来都不是一成不变的。

从上大学到创业，根据角色、身份、能力等方面的发展，我对定位做了多次调整。我详细梳理后发现，我的定位大概可以以两个阶段来划分。

第一个阶段是上大学时期，这时我的定位是劳动者。

为什么是劳动者？大一时，我开始做设计、做视频、做网站，角色是"设计师小肖"。

到了大三，我带着团队一起工作，从视频剪辑师，变成了视频剪辑团队的领导者。

后来，我就不再做这些工作了。原因很简单，这个定位类似于高级兼职者，工作很辛苦，很枯燥，无法带来创业的成就感，与市面上的公司相比，我也没有优势，能接到活只是因为工资低。

随着大学生活的结束，我也和这个定位说了再见。

第二个阶段是创业时期，这时我的定位发生了多次改变。

起初，我的定位是名师变现操盘手。

在 2013—2020 年，我与国内多名优秀老师进行合作，鼓励一些培训机构的老师创业，最多的时候，我帮助近十名老师成功创业。

慢慢地，我开始自己做 IP，这期间我有过两个定位。

2020 年，我的名字是"肖逸群 Alex"，这是我做创始人 IP 时的第一个定位。

当时，因为我对 IP 还不太了解，也没有想好商业模式，所以暂时用本名和英文名进行了定位。这个名字既没有标签，也不好记，以至于我有了很多流量，也没能将之变现。

2021 年年初，我重新给自己定位，把名字从"肖逸群 Alex"改成了"私域肖厂长"。

为什么要这样调整？ 我发现，只有老板会关注私域流量，关注公司未来发展，需要靠持续的利润让公司活着，并且构建自己的私域资产。改名为"私域肖厂长"之后，加我好友、给我发私信的群体，从年轻的职场新人、大学生变成了公司创始人，我收到的消息也从"明年考研考什么专业""大学生活如何规划"，转变为"怎么吸引流量""员工怎么设置流量的基地"，可谓一次大换代。

之后，我可能会再对定位进行一次调整，让定位从私域变成全领域，从一个细分领域变到人群范围更广的商业 IP 领域。

以上，以我自己为例得出结论：定位是 1，社交、关系是

0，对自己的定位决定了我们努力的方向和接触的人群。因此我们一定要根据自身现实情况随时对定位做出调整，千万不能一条路走到黑。

可是，定位一样的人那么多，别人为什么一定要与你建立关系？切记一句话：要么第一，要么唯一，第一很难，唯一可以很简单。

要么第一，要么唯一

有时候，第一很难抢到了，那如何做到唯一？

很简单，让差异化这位"主角"上场，帮助我们打造辨识度。

差异化定位，对应的是销售中的独特卖点（Unique Selling Point，USP）理论。这一理论的意思是，突出自己身上一个最明显的特色，让我们能够区别于其他人，快速被他人记住。

很多人觉得，反正我不做销售，没必要考虑这些事情。

请注意：只要找工作，就是在把自己的才华"卖"给某个公司，从而获得一份薪水；只要找合伙人，就是在把自己的梦想"卖"给合伙人；只要找投资人，就是在把自己的公司"卖"给投资人，让他愿意投资你。

因此，明确自己与其他人的不同之处，打造自己或者产品的独特卖点，才能让"身价"变得不一样。

以我的定位来看，很多人都在卖 IP 的课程、IP 的图书，我在进行差异化定位时，主要突出了三点。

第一点，我帮助很多 IP 拿到了大结果。在做操盘手时，我帮一些 IP 操盘出产品，做流量，实现了盈利。

第二点，我从一个理性的操盘手转型做 IP，也得到了好结果。这是最核心，也是最重要的一点。

很多人坚持一点：操盘手就应该一直站在幕后，IP 就应该一直站在台前，从幕后转型到台前是不太可能实现的，成功者寥寥无几。这里我用我的经历告诉你，我一直在做这件事，也一直会做下去。

我相信，人一旦有了恒心，就会有小积累，就能把握小收益，持续投入，形成复利转化，进而形成自增长的飞轮，在自己的生态系统里建立开放的、可融合的良性循环。

第三点，我的客户也拿到了好结果。这是最有说服力的证据。

记住，定位是 1，社交、关系都是 0，如果没有前面的 1，后边再多的 0 都是虚无的。

要想让这个 1 立得住，并且得到大众的认可，我们就要成为第一，或者打造唯一。

如果无法成为第一，那我们就通过差异化定位做到唯一，凸显个人特色，吸引用户关注，并从众人之中脱颖而出。

为什么要打造 IP

现在最不缺的是什么？ 我的回答是，最不缺的应该是 IP。你有没有想过，为什么越来越多的人想做 IP ？

一起想象一个场景：在一个酒吧里，我和一位朋友第一次遇到，互相做自我介绍，每个人都要讲半小时才能对彼此有一个深度的认识和了解。可能见 100 个人，我才能找到 1 个有可能合作的人。

IP 就不一样了，他们会把自己的介绍前置成书、课、短视频、文章。这意味着，当 IP 见到一位朋友时，不仅不需要介绍自己，甚至还能让 1000 个人提前思考合作的方向，这就是社交效率的提升。

因此，答案显而易见：做 IP 可以提升社交效率。

我为什么从幕后到台前

给大家出一道选择题：某一天，你的两位高中同学分别要结婚了，打算众筹买房，他们都来和你借钱，如果只能把钱借给其中一个，你会借给谁？

A：百万粉丝博主

B：普普通通的工作者

我猜测，大部分人会选择百万粉丝博主。个人IP相当于滤镜和光环，是一张游走的"信用证书"，会在无形中放大个人的影响力和可信度，降低信任成本，增加社交的命中率。

你有没有想过，为什么个人IP会变得如此重要？在我看来，这与时代发展有很大的关系。

20世纪80年代，很多人的目标只是把商品卖出去，还没有品牌意识。到了20世纪90年代，很多人才开始意识到，好的商品不再稀缺，稀缺的是顾客对品牌的信任和认可。卖出去商品只是目标之一，品牌、名称、商标才是成功的关键。

虽然有了一定的品牌意识，但人们还没有完全意识到个人IP的价值和作用。直到微信公众号和微博完成品牌的去中心化后，个人IP才变得火热，成了许多人创业的目标。

作为一名连续创业者，我认为实现盈利最快的方式有三种，造唯一、拿牌照、扛风险。

2020年，在公司发展得最好的时候，我从幕后走向台前，开始打造自己的个人IP。

当时，让我如此有决心做这件事的动力是，罗永浩老师身负6亿元的高额债务，却靠着个人IP的影响力一点点逼近还清债务的目标。

这，对我而言，很震撼。毕竟，不是每个创业者都能一路平稳创业到七八十岁甚至更老，个人 IP 是一笔很重要的抵御风险的资产。

"不管怎样，一定不能一直站在幕后，一定要到台前，哪怕现在可能没有太好的结果，但能让更多人认识、了解我也不错，可能五六年之后我就会与一些人达成某种合作。"这段话支撑着我一直做下去。

从 2020 年 6 月 25 日正式启动后，我仅用了半年时间，就让我的账号累计涨粉 12 万人次，并实现了变现。

不仅如此，我还将视频号流量导入 4 个个人微信，精准影响累计数万的好友，同样也带来了不少收获。

你是不是很好奇，个人 IP 究竟有哪些厉害之处？举一个例子你就明白了。

完成同样的工作量，你比别人优秀 50%，你的定价却能比别人高 500%；你的客户的数量可能是别人的 5 ～ 10 倍，结果你的收入是别人的 50 ～ 100 倍，就是这么简单。

有了定位，也有了名称，有一个 IP 名称其实只是有了骨架。那么，IP 应该如何丰满起来，变成一个令人印象深刻的人？

跟你分享一句话：打造 IP 的本质就是打造标签。标签只有一个作用：被记住。

打造 IP 的本质是什么

我整理了 4 个标签系统、12 个标签。接下来我就带你全面梳理如何搭建自己的 IP 标签系统，让别人一接触你就印象深刻、忘不了。

标签再多、再复杂，也都跟人相关。因此，我们要先考虑一个简单的问题：何以为人，或者，何以为一个社会人？

在相亲的场合、在面试的场合或者在第一次见丈母娘的场合，我们看人的角度不外乎这 4 个方面：第一，你是做什么的；第二，你长什么样；第三，你说了什么；第四，你做了什么。

这 4 个极其朴素的问题，对应了我们的 4 个标签系统，每个系统都由一个极其形象的器具代表，这可以给人留下深刻印象。

身份标签系统（做什么的）—— 专业锚

形象标签系统（长什么样）—— 视觉锤

语言标签系统（说了什么）—— 文字钉

行为标签系统（做了什么）—— 行动枪

接下来，我将手把手带你学会使用这"四大兵器"，让别人牢牢记住你的 IP！

身份标签系统指的是，你是谁，你从哪里来，你要到哪里去，你擅长什么。

这类标签系统，有个专业的名词 —— 专业锚，即如何让你的专业或者身份像船锚一样，深深锚定用户内心，让人念念不忘？

这里，我们有 3 个专业锚标签：使命愿景标签、专业标签和价值标签。

形象标签系统，对应了一个响亮的词汇 —— 视觉锤，即用户看一眼你的视觉形象，内心就仿佛被"击中"了。

这里，我们有两个可以使用的标签：外形标签和辅助视觉标签。

语言标签系统，有个非常传神的描述，叫"文字钉"，也就是让你的文字或语言像钉子一样钉进用户的脑海。

这里有 3 个文字钉标签：金句标签、态度标签以及故事标签。

行为标签系统是你做了什么。用户看一个 IP，不仅看言传，还要看身教。行为标签系统对应的器具，叫"行动枪"——让你做的事情具有直击人心的能力。

行动枪标签可分为 4 个：壮举标签、社交标签、情感标签、辅助行为标签。

这 12 个标签，你不必都用。你可以先找到自己身上的特点，然后选择其中的一部分来突出和强化。就像我的 IP 名字里有"私域"两个字，这就是关键词，是我的专业的标签。同时，标签也要被重复、重复、不断重复，这样才能更好地被记住。当你掌握了标签这个工具，同样是 10 分钟的口述介绍，你的就容易被别人记住；没有这个标签的介绍，相对就不容易被记住。

打造个人 IP 的核心方法我已经教给你了，那如何打造出高价值的个人 IP？采用两大心法就可以做到。

两大心法就能打造出高价值 IP

心法一：IP 即内容

如果你不是一个极大型公司的老板，却不想先创造内容，想直接做 IP，这是不可能的。

没有任何内容产出，你就形同一个隐形人，不可能做成 IP。

如何做内容？IP 是一种标签化生存的个体，因此我们要不断重复、强化自己的标签，而且内容不能太散，要保持核心的专注度。

大部分人的流量是有限的，我们要做的是，用最少的流量，产生最高的价值，从而实现商业模式的可持续性。

在对外输出时，我们要聊与自身专业高度相关的话题，这样才能塑造专业的形象。我比较擅长运营私域，基本上社交时也会聊一些相关话题。

心法二：把握内容三要素 —— 真实、真诚、持续产出及干湿结合

真实：确保人设的真实，减少人设崩塌的可能性。

真诚：真诚能让对方卸下防备，快速拉近双方距离。

持续产出及干湿结合："干"是观点，"湿"是效率。保持内容生产的连续性，连续的内容才能对 IP 的塑造持续施加推动力。观点和故事要齐头并进，这样的内容才有吸引力，也才能说明你是一个灵活的人。

我身边打造 IP 的案例太多了，总结之后我把其内容分成了 6 种不同的形式：短视频、中长视频、短图文、长图文、直播、线下演讲。下面我来为大家一一介绍。

短视频是目前最火的内容形式之一。不少主播都是靠拍短视频爆火的，他们生产一些情绪强、有价值的内容。

中长视频，在 B 站和小红书上较多，时长有 5 分钟、10 分钟、20 分钟，长短不一，类型多样。

短图文中最典型的是朋友圈，微博和社群中的内容也是短图文。

长图文，最常见的是公众号文章，有的公众号中的单篇文章就有 4000 ~ 6000 字。

直播，是现在很多 IP 使用的一种方式。有些人只开直播，也有一些人的直播和短视频齐头并进。

线下演讲是比较传统的形式。俞敏洪老师就很擅长做线下演讲。

我在写《私域资产》一书时，认为这几种形式用得越多越好，但现在我的想法改变了。我认为应该以点带面，把自己擅长的那个形式做到极致，其他形式可以作为辅助。毕竟，内容被创造出来后可以被复制，被复制足够多的份数，让足够多的人记住，这才是核心和关键。

给你留下一道思考题：内容创作的时间与占据读者时间的比值应该是怎么样的？ 怎么才能花费更少的时间让更多人记住我们？

铁粉带给 IP 的无限可能

打造个人 IP 离不开一类人群 —— 粉丝。

他们对个人 IP 的发展有着极大的影响。在我看来，粉丝主要有三大属性。

功能一：客户属性

如果在做个人 IP 前，你的定位足够好，粉丝可能是潜在客户，你能够直接实现变现。比如，带货主播的粉丝基本都是潜在客户。

功能二：品牌属性

个人 IP 的粉丝越多，别人越觉得你的势能高、认知高，越可能高看你一眼。

恒星私董会里有一位私董，公域有一千多万的粉丝，她进群时群成员"列队欢迎"，其他私董觉得跟她在一个群里很荣幸。这，就是粉丝数量多带来的品牌属性。

功能三：合作属性

千万不要小瞧粉丝，他们不仅喜欢你，还会时刻追随你，极有可能成为你的合作伙伴、员工以及投资人，甚至未来的人生伴侣。

粉丝的力量如此强大，那么我们是应该更看重粉丝数量，还是更看重粉丝质量？

从个人 IP 的角度来看，二者都重要，因为粉丝数量能够让你在社交时拥有一张更厉害的社交名片，让别人产生惊讶感。

从商业模式来看，如果你只有 100 个粉丝，要靠这 100 个粉丝放大自己的价值，那一定是粉丝质量更重要。

顾客是"上帝"，粉丝其实也是个人 IP 的"上帝"，我们一定要维护好他们。我来分享一下我在这方面的基本逻辑。

IP 与粉丝用什么链接

内容，是维系粉丝的纽带

人与人之间产生的最高成本往往是信任成本。如果你对一个人完全不了解，却要相信他并与他进行交易甚至建立商业合作，其成本是很高的。

要想降低信任成本，我们可以通过产出好的内容获得更多粉丝的喜爱。

那什么样的才是好内容？

标准是，把自己的知识或故事变成不同形式的内容。以书、短视频、直播的方式或者课程的方式传播出去，这能吸引一定数量的粉丝。

从某种程度上来说，丰富的内容是一笔非常重要的社交资产，大大降低了社交的成本，提升了人与人之间连接的效率。

结合我的亲身经历来说，在 IP 粉丝有一定的增量后，做个人 IP 的内容、产品的过程也是推广个人的过程，是与粉丝互动、增加粉丝黏性的一种方式。

之前，我进了一个付费群，加群主好友前我特地对他屏蔽了我的朋友圈，他通过我的好友申请之后却发生了我意想不到的事情。

他："你是肖厂长吗？是本人吗？"

我："是本人，怎么了？"

他："我看过你的书，这都能和你碰到！"

我："你看过我的什么书？"

他："我看过你的《私域资产》，从你的书里面受到了很多启发。"

我："你买了我的书？"

他："没有买。"

我："稍后送你一本我签名版的书。"

听到这个之后，他特别开心，知道我已经付费进群，又送了一些权益给我。

如果，我没有写书，没有做创始人 IP，就不会有粉丝，对方也不会认识我，又怎么会对我产生认可和信任？可见，将内容当作粉丝和 IP 之间的枢纽，不仅效率高，收获也很大。

除了写书，发朋友圈、写公众号也是产出内容的方式。我的公众号基本上是月更，每个月都会更新一篇文章，短视频基本上是日更。

保持固定的更新节奏，个人 IP 才能被粉丝记住，黏性才能增加。

通过定价和产品完成粉丝分层

前文提到过一书一课一社群，将书、课和社群作为产品，是完成粉丝分层的方式。如果你是电商的卖货主播，当粉丝买你产品的时候，他就跟你完成了一次信任变现，实现了产品变现。

完成对应的分层

从公域到私域的付费用户、高客单用户以及深度合作的用户，我们要完成整个闭环，从而放大自己的商业价值。比如我和一些朋友以及我和轻合伙人，就有一个更有深度的合作的分层。

维护好与粉丝的关系后，我们要让粉丝的力量助力个人 IP 的发展。

分享一个在做内容以及破圈方面特别有意思的心得，其实是一套飞轮模型：只要有源源不断的内容，个人 IP 就能够立住，永远不会枯竭。

如何一直产出优质内容

一门课程，一个月也就更新完了，讲完之后去哪里找新的内容素材？飞轮模型相当靠谱，不仅能让你持续产出新的素材，认识更多的人，还能让更多的人成为下一批素材的来源。

第一步，创作更多的内容，认识更多的人。

第二步，认识更多的人之后，把他们的故事变成新的内容传播出去。

第三步，把故事和内容变成选题，进一步创作，创作更多优质的作品并进行分发，持续让自己认识更多的人。

举个例子，我认识的一位大 IP 跑通了公域的直播，同时在线人数有 4000 多。假如一个月之后，大家都看到了他的业绩，这时我写一篇分析文章，把他的操作过程解析一遍，那我不仅能连接到他以及他的粉丝，还能连接到他的好友。但这不是最终目的。有了连接，我就要创造交流，从这些新认识的弱关系中挖掘素材，源源不断地产出内容。

　　这是一种内容创作的飞轮模型，这种模式不仅能让我们找到故事，还能带来很多干货和知识点。

　　这意味着，粉丝和输出的内容一旦形成一种导流机制，就能成为持续创作的内容源泉。

社交的底层逻辑是变现吗

要问这个时代普通人赚钱最快的方式是什么，做 IP 一定是多数人的答案。

的确，自从自媒体走进大众视线，各个行业的网红、IP 可谓层出不穷，这也让很多普通人的职业发展有了更多可能性。

可是，不得不承认，打造一个 IP 并且实现社交变现，并非表面上看到的那样简单。

也许，你有一身本领，想分享给更多的人，但并不知道怎样将它转化成产品。

也许，你已经做出个人产品，但在各种平台上却收效甚微，获得不了任何流量和收益。

也许，你的产品有了不错的认可度，但是你遇到了发展瓶颈，也找不到未来的方向。

如果类似的种种问题正困扰着你，那么接下来的内容，就是你的"解惑宝典"。

你做过牺牲品吗

不管你承不承认，在这个资源整合共享的时代，商业社交的底层逻辑是变现。我们要努力破圈，让每一份付出都有回报，让自己的价值被看见。

在这之前，你要先识别一些误区，以免自己成了牺牲品。

误区一：没有目的，直接做社交变现或者想直接实现社交变现。这种心理很可怕，相当于实体店里没有产品，没有商业模式，却想实现最大客流。

误区二：自己由于太想赚钱，反而被他人利用，陷入别人描绘的美好世界。

比如，在一个商业模式的红利快被用完时，有些人自己做不动了，就想做培训，招收学员，报名费高达数十万元，这就真的是在牺牲别人了。

要想准确地识别哪些人是在牺牲他人，哪些人是真正有价值的，最重要的一点看其专业性。

我一般按以下三步进行思考。

第一步，对方是否有结果，主要看他自己在做这件事情的过程中，有没有真正得到了一定的结果。

第二步，对方能否把自己得到结果的方式变成方法论，变成一个体系，而不是撞大运似的只赚一笔钱。

我曾经在书中写道："我信奉科学创业。我发现，超级个体的成功都是相似的，可以总结成方法论。"

一个老师销售课程，如果每天都有稳定的销售量，并且有自己的销售逻辑和销售话术，那么我们就可以将他的经验总结成一套方法论，就可以向他学习。但是，如果他只是隔三岔五地销售出一两单，没有一定的销售逻辑，其销售话术也不断变化，那么他就无法与别人分享自己的成功。

第三步，他的学员在学习他总结的方法论之后，是否得到了好结果。

他的这套方法论要能经过市场验证，要对大多数人有真正的价值，并且能帮助很多人得到实实在在的结果。

自己得到结果，有一套方法论，帮别人得到好结果，按照这三步进行判断，基本上不会失误。

要想做到社交变现，识别了误区只是"入场券"，你只有提升自己的价值，让自己足够独特，才能更好地掌握主动权。

短期价值就那么吸引人吗

个人价值分为短期价值和长期价值。当我们不够强大，还不能在某一领域做到专业时，短期价值看似美好，却也是一种"陷阱"，会让我们盲目自信。

长期价值才是更值得你看重并追求的。表面上看起来，长期价值极其遥远，获得过程十分痛苦，但其最终带来的收获却极其丰厚。

大二的时候，我还在辛苦地做着平面设计，每天忙得不可开交。有一天，一个学长告诉我，不要只做平面设计，还要做视频。视频更复杂，价值感也更强。

我想了想，他说的好像有道理，就这样，我被他们"忽悠"了。

结果可想而知，我付出了一定的"代价"——在同学玩游戏、吃夜宵的时候，我学会了使用六七款剪辑软件。

我也因此取得了我的收获。我有了一技之长，在不同的团队里担任了一定的职位。

到了大三下学期，我的第一个产品是扑克牌。54 张扑克牌上的画作都是我自己一个人用 PhotoShop 做出来的，署名：文案肖逸群、策划肖逸群、设计肖逸群，联系工厂的人还是肖逸群。我一个人做了一个团队的工作。

对这件事情，我并没有抱怨，也没有后悔，反而认为它提升了我的价值，让更多人看到了我的能力，我自然也得到了相应的回报。

价格围绕价值上下波动，虽然二者在一定程度上会发生偏离，但最后一定会回归到匹配的状态。

如果你自己有能力、有价值，那你的身价也一定不会太低。如果有一天，你成为某个领域的顶级专业人才，那你就是稀缺资源，你的身价就可以你自己定，变现不就是自然而然的事情了？

延迟满足是一种不可多得的能力。很多人都非常在乎短期利益，比如给一份钱干一份活，但这种思维其实是"贫穷的陷阱"。拿日薪的都是兼职，真正赚大钱的人看的是长线收入，以 5 年、10 年、20 年的角度来判断投资收益。

"每个人都有属于自己的一片森林"，每个人都可以成为一个 IP，社交变现也可以做到千万级别，你只是缺少指引和耐心而已。

教你打造千万级别的社交变现

很多人一年的收入从几万元到几十万元不等，这些人主要是职场人。有些人通过创业，一年可以有几百万元的收入或利润。而人群中万分之一的人，个人年收入可以达到甚至超过千万元，我们称这些人为超级个体。

超级个体是如何炼成的？ 他们为什么可以成为超级个体呢？

我的恒星私董会就是一个超级个体云集的俱乐部，里面有很多厉害的超级个体。有些是站在台前的 IP，也就是博主、网红、自媒体人，有些是站在幕后的操盘手。

两者我都经历过。我做了 6 年的幕后操盘手，后面顺应时代发展，我开始站在台前做创始人 IP。而且，我不仅自己得到了结果，还给很多老板上商学课程，组建了自己的圈层私董会。

经过这么长时间的"摸爬滚打"以及深度接触上千名超级个体的几年时间，我总结了他们在 4 个层面上的 9 个非常重要的招式，我把它们称为超级个体的"独孤九剑"。

我发现，那些人群中万里挑一的人，在定位、产品与团队、流量与变现、壁垒 4 个层面都有过人之处。

很多人可能从来都没想过，原来一个人要有那么多思考。是的，成为超级个体的路很艰辛，需要有心人，需要长期实践的坚持，更需要系统化的思考和执行。

关于这些内容，我有过系统的分析和描述。这里，我把核心的结构和思维框架分享给你。

首先，关于定位。很多人之所以产生迷茫，例如职场迷茫、工作迷茫，就是因为没有找到自己的核心定位。要拥有一个好的定位其实可以用以下三个招式。

第一个招式，拥有一颗强大的、向善的初心。初心非常重要，要做一件自己喜欢的或者擅长的事情，这样我们才能持续做下去，并且做得得心应手。

第二个招式，拥有一些稀缺且好记的专业知识。请注意，这里我使用了"稀缺"这个词，专业性稀缺才能让我们为自己定价。

第三个招式，找到一个容易变现的赛道。例如，在摄影、摄像行业，为企业家或 IP 拍摄的价格肯定比为普通人拍摄高。普通人拍摄职场照只是为了工作，而企业家和 IP 拍摄肖像照则是为了在朋友圈、平台账号上进行展示。因此，对大部分人而言，为企业家或 IP 拍摄就要比为普通人拍摄，更容易变现。

其次，在产品与团队层面，主要有两个重要的招式。

第四个招式，找到一个极其靠谱的操盘手。操盘手可以帮助你打造团队，而 IP 需要不断创作内容。

第五个招式，拥有一个高利润的常销"尖刀"产品。核心产品必须逐步积累，你需要思考这个产品能否实现高利润、常销并成为"尖刀"产品，以及能否为你带来持续的高客单或高利润的营收。

再次，是流量与变现，这里有三个重要的招式。

第六个招式，拥有一条高产爆款的内容生产线。高产爆款的内容生产线是在做个人 IP 时在内容方面要搭建的一个重要模型。例如，我最近想出一本书，因为自己写是在闭门造车，所以最好的实践是与专业团队付费合作，通过直播探讨内容的方式搭建一条内容生产线。

第七个招式，拥有一份随处都能发放的见面礼。这是引导私域并将粉丝变成弱关系的一个技巧。

第八个招式，拥有一节吸引人的公开课。关于这节公开课主要有 4 个问题：为什么听你讲？ 为什么要买？ 为什么要买你的产品？ 为什么要现在买你的产品？

最后，关于壁垒，这里只有一个招式。

第九个招式，拥有行走的超级案例和客户见证。依靠什么长期做超级个体？ 如何长期做 IP？ 凭什么别人能挣千万，而你只能挣几十万？ 别人有案例，有客户见证，这会让别人慢慢打造难以复制的壁垒。

比如，我的一位私董是一位声音教练，我曾经系统地跟他学习了一段时间，这让我可以长时间说话嗓子却不沙哑。有一次，我下午录了 3 小时的课程，紧接着晚上直播了 4 小时，仍然可以轻松输出，而且我还发了朋友圈感慨了练习发声的好处。

一位朋友看到朋友圈之后在评论区问我是如何做到的。我说："因为我经过了系统的学习，掌握了科学发声的方法，所以可以达到这样的效果。"他立马给我发私信，让我介绍这位私董给他，并且付费成了这位私董的学员。

这样的例子还有很多，我介绍了几十名学员给我的教练。

我的经历成了我的教练最真实、最具有说服力的案例，我成了他行走的销售，这就是证言团的力量。

我相信，在学习这九个招式之后，你的头脑中也会出现一个属于自己的变现模型。

这就是专业的社交高手的玩法，可以让自己变成一个产品，通过内容批量构建弱关系，沉淀在私域，并且持续变现、持续迭代，成为超级个体。

第四章

社交时，你会用杠杆吗

短视频如何拓客留客

先介绍一个概念：社交效率。它指的是让人际关系产生价值的效率，分为短期、中期和长期的效率。

简单来说，让人际关系产生价值，就是把路人变成粉丝，把粉丝变成付费粉丝，把付费粉丝变成高客单付费粉丝或潜在的合作伙伴。

短视频、直播、社群、朋友圈，都是提升社交效率的工具。

2020 年，我开始做短视频。

早期，我主要通过转朋友圈、微信群，自己发红包、点赞或私信让别人点赞进行传播，随后则通过分析视频号算法，并通过纯 Vlog[①]、口播 Vlog 等方式进行传播。

其中，通过口播 Vlog 能够和用户产生连接和沟通，提升 IP 感，在降低生产成本的同时，也让我的粉丝数量从 4 万涨到 12 万。如果要问我快速涨粉的"秘诀"，那就是优质内容。

---

① Vlog：视频日志。——编者注

我是如何做短视频的

作为一名连续创业者，我在做短视频方面，总结出了一套基本模型。

首先，确定自己的目标群体，确定自己想吸引哪一类人群。

其次，根据这类目标群体的喜好，选择对应的内容，有针对性地确定选题并拍摄。

最后，查看内容输出是否达到了最初的目的，是否吸引了目标群体。

我做短视频的经历和定位是相辅相成的，也分为两个阶段。

第一阶段，我的名字是"肖逸群 Alex"，定位是成长博主，目标群体是 18 ~ 50 岁的职场白领。由此出发，我主要做职场人群的泛流量，我的内容偏向于个人成长的方法论，以一些职场话题为主。

我在视频号上传的第一条短视频是"费曼学习法"，获得了 4 万多次点赞。

为什么这条视频能爆火？因为，我从真实人设出发，以自己的切身体会，讲述大家感兴趣的内容，更容易引起共鸣。

后来，我发现了一个问题，这类内容虽然容易火，但是单人客户终身价值（LTV）比较低，在 3000 ~ 5000 元，变现价值相对有限。于是，我不再做这类内容，开始调整方向。

第二阶段，2021 年 1 月，我改名为"私域肖厂长"，话题开始围绕"私域"展开，包括聚焦私域的两大阵地、做私域内容的要素、私域成交的步骤，以及做私域需要侧重提升的能力等创业者们最感兴趣且有价值的话题内容，目标群体也随之发生了改变。

也就是说，当你做短视频时，要先确定目标群体，越精准越好，如此你的内容才更有针对性，才能吸引目标群体。

我是如何维护用户的

精准地确定目标群体后，要如何维护好与他们的关系呢？我会着重做好两步。

第一步，持续产出内容。

内容是获得影响力、打造个人 IP，以及创造更多合作的底层逻辑。

在我看来，现在的内容，如同远古时期的食物。为什么要这样比喻呢？

以前，人们要活着，就需要持续不断地获取食物，但现在不一样了，物质不再匮乏，人们不会再为温饱问题而苦恼，人们对精神食粮的需求随之提升。而内容恰恰就是精神食粮。

打开互联网，用户用得最多、消费最多的，占用用户时间最多的，就是各种各样的内容。看剧、看视频、看文章、看朋友圈等对内容的持续消费成了人们对互联网的一种"刚需"。

既然如此，每个人都应该有产出内容的意识，不断通过内容让他人记住自己，从而增加自己搭建关系的能力，并且把关系变成资产。

第二步，发展多种类型的产品。多种类型的产品是维系关系的核心载体。课程、圈子、深度合作、服务等，都可以成为产品。

产品能变现，变现之后，我们才能有更充足的动力生产内容。如果你连生产内容的动力都没有，怎么能实现持续创作？

对刚刚准备做短视频的新手而言，一心想着产出好的内容，难免会出现镜头感不好、镜头恐惧症、多次重拍不在状态等情况。

出现这种情况很正常，我们不要自我怀疑，要从多次的失败中找到让自己感到舒服的方式。

下面分享几种我经常用的看起来很自然、很真实的方式，它们有助于高效产出短视频，非常适合非主持人、非播音员、非演员的 IP 使用。

第一种，刻意练习。

如果你想不卡壳、顺畅地输出内容，可以借助提词器。

不过，这种方式有一个弊端，你看起来可能会特别像在念稿，显得很不自然，让人感觉你很不专业。

要想达到真实自然的输出状态，你需要刻意练习，学会让自己看着提词器说话依然很自然。

第二种，真实的沟通记录。

我经常会和私董线下面对面聊天，有时候旁边会放一台摄像机，把提问和回答的细节记录下来。

等聊完之后，我会对视频素材进行剪辑，这样就能产出多条短视频。用这种方式录制的视频很自然，也很真实，但前提是你有足够的知识储备，从而拥有很强的回答问题的能力。

第三种，线下场合的真实情景。

如果你打算举行线下课程、线下会议、活动沙龙，那么就要真的邀请客户、学员来听你讲课。

讲课时，你可以在旁边架一台摄像机，把现场的真实讲解变成视频素材，后期再做剪辑。

第四种，工作、生活实拍。

2022 年 9 月，我在泉州见了一位私董，随手拍了一条探店视频。

我们在一路走、一路聊的过程中邀请一位朋友跟拍，之后把全部的内容做剪辑，就完成了一个探店视频。

这条探店视频效果很好，也获得了广泛的传播。

一些使用这种产出方式的博主，在全网甚至拥有上千万的粉丝，变现效果也非常好。

不管你用以上哪种方式拍短视频，其中都有一个环节不能忽略——输出内容。

我是如何输出内容的

我先问你一个问题，为什么在所有的文字型社区中，几乎只有知乎做到了持续活跃？

网上有个人的观点很有意思：人类交流的本质是提问与回答，所有的书、课、短视频的内容，都可以采用提问与回答的形式。甚至最近特别火的人工智能——ChatGPT、文心一言，采用的也都是问答的形式。

很多内容其实都可以归结为问答的形式。所有的内容在本质上都是博主的自问自答，博主设定问题，然后自己回答。比如，我的那条讲费曼学习法的视频，也可以变成一个问题："作为'90后'CEO，你认为哪项技能是你最为受用的？"

我的答案是："作为'90后'CEO，我认为费曼学习法是创业中最重要的一个技能，费曼学习法是……"这在本质上就成了提问与回答。

为了做好社交杠杆，提升社交效率，在做内容这方面，很多社交高手、超级个体都有自己的撒手锏：素材库。我也不例外。我有一个素材库，叫内容九库，分别是选题库、模板库、抓手库、故事库、结构库、金句库、钩子库、成交库以及相册库。

其中，最重要的素材库是选题库。

我的选题库里有4类选题，可以解决专家IP的人设流量和变现的问题，从而提升社交杠杆，并为后续变现做铺垫。

第一类，小白问题，解决流量问题。

比如，对很多非出版专业的人来说，如果想出一本书，他最想问的问题可能是"怎样出一本书""出一本书有哪些环节""出一本书要多少钱""出一本书的稿费有多少"等很基础的问题。

这类问题，行业专家回答起来很轻松，他周围都是行业内有经验的人士，我们可以默认他知道这些问题的答案。但他不知道的是，这类对他来说简单的问题却有着巨大的流量。你做短视频时，千万不要忽略这一点。

第二类，教科书里的问题，解决人设和信任问题。

"出书的本质是什么？""社交的本质是什么？"是经常出现在教科书里的一类问题。

这类问题很少被主动问起，不过一旦解决好了、解释通了，将有助于 IP 建立专家人设。

第三类，实操类问题，解决变现问题。

当你有了流量，有了信任度，接下来你就会想变现了，而实操类问题有带来变现的潜质。

一个做 IT 的人应该怎么出书？ 做个人 IP 的人应该怎么出书，出什么书？ 一名刚刚退休的高中语文老师，应该怎么做个人 IP？ 这些都属于实操类问题，解决好了很容易变现。

第四类，政策热点问题，会产生爆发式的流量。

这类问题既能产生爆发式的流量，也能体现专家人设；唯一的缺点是，无法主动找来，只能被动等来。

通过短视频打造个人 IP，为社交赋能时，70% 的内容应该解决流量问题，30% 的内容才应该是教科书里的问题和实操类问题。以这种方式做的 IP，才是立体的，才能很好地实现变现。

在我看来，做好视频内容，并非一朝一夕之功。

要想抓住短视频红利，除了需要紧跟时代步伐，我们还要站在用户角度看待问题，唯有这样，才能实现粉丝裂变，实现品牌变现。

文字型自媒体，对社交还有用吗

今天，社交媒体发生了很大变化。

过去，我们很多时候都沉浸在公众号文章里，沉浸在微博快速刷新且简短的消息里，沉浸在头条号的推送里。

公众号，侧重于社交，基于人际关系做传播，其承载的应该是所有平台里最有深度的一类文字内容。公众号文章能够体现结构化的思维和深度的思考，而且越是优质的内容，其转发量越大。

微博，类似于广场，时事热点、明星八卦占据的时间、空间和流量比较大，爆发性比较强。

头条号，本质上偏向以算法推荐内容。我以前用过一些类似的软件，看完之后发现，推送的消息基本都是自己喜欢的。高度相似、高度重复的内容，容易让我们走入信息孤岛，不利于打开社交局面。

现在情况不同了，随着社交媒体的发展，用户的大部分时间被短视频抢占了，上述三类文字型自媒体的价值也随之发生了变化。

这并不意味着文字内容"死"掉了，文字内容只是在以另一种方式发挥作用。

文字型自媒体还有哪些价值

相对来说，文字型自媒体的爆发性、传播性比较弱，尽管它们在维护私域和粉丝方面有一定的价值，但你不要奢望靠它们实现病毒式增长。

为什么这样说呢？微信公众号，已经三四年没有产生一个现象级的大号了，也几乎没有能够持续刷屏的爆款文章。

微博，更是早就被固化了，所有营销号都分为三大阵营，我们是很难进去的。

头条号，就更不用说了，发条广告就没有阅读量了，而且即使有阅读量，你也无法引流，变现性极差。

目前，在这三类文字型自媒体中，我还在使用公众号。相对于短视频，公众号毕竟是文字型自媒体，文字更真实，还有一定优势，尤其是对转化高客单而言。

短视频的内容，采用的可能是专业团队写的脚本，只是由某个适合的人呈现出来，甚至为了吸引注意力，故意弄一些夸张的标题，增加流量。

公众号则不同，公众号基于粉丝的关注逻辑，基本上是真实想法的表达。很多时候，我会把 3000 ~ 5000 字的销售信、月报写在公众号里。

如何同时连接 B 端和 C 端

先解释一下，C 端一般指的是个人用户，而 B 端一般指的是企业用户。

要通过文字型自媒体连接 C 端，并且获得爆发式的增长，有一个很简单的方式 —— 把获得过点赞量、高转发量的优质文字变成短视频转发出去。

这种方式被称为"火过的再火一遍"，很多博主用这种方式吃到了一些红利。

在企业开始裁员后，一位博主把自己的一篇与裁员相关的阅读量 10 万 + 的文章念了一遍，拍成了短视频，发到平台上后立即吸引了巨大的流量。

曾经，我也把我的浏览量、阅读量很高的公众号文章变成了短视频，并收获了一大波流量。

这是连接 C 端的方法，那么有没有可以同时连接 B 端和 C 端的方法？

方法是有的，而且很简单，也很有意思，很多高手都在用。

把自己做 C 端获得的经验，变成一篇做 B 端的方法论文章，然后做成课程，或者公开做一次分享。

假设我是一位做内容行业的专家，出了很多 C 端的图书，但我现在想连接 B 端，如何做？

我可以找到一本自己操盘的、销量超百万册的图书，把背后的故事和核心方法论，总结成一篇 3000 ~ 5000 字的分享稿，然后在恒星私董会做一次分享，再到出书的作者群里做一次分享。

通过这两次分享，我就可以连接群里想出书的、对出版有兴趣的、出版行业的 B 端人群，并且越来越精准。

按照这样的方式继续传播下去，想打造爆款书的作者看到了幕后操盘手，如果有需要就会谈合作。

2022 年 7 月 12 日，恒星私董会 2.0 发布会前后，我发布了《我为何放弃创始人 IP 定位，转向新赛道》《流量红利必死，产品复利永生》等 5 篇文章。

这些都是我做 C 端的经验，我将之复盘总结成了文字稿，通过微信公众号传播，并和私董做了一次公开分享。看完之后，很多人成了我的私董。

这是同时做 B 端和 C 端的一个经验，强烈推荐给你。

直播，是站在社交信任的基础上，做批量成交

从文字、图片、视频录播，再到直播，社交方式变得越来越多样，传播的信息也更加丰富，用"狂热"来形容如今的社交，一点都不为过。

用文字进行一对一社交时，我们要先打破僵局，问"在吗""在哪里""在干什么"，之后的各种寒暄、各种推销，很容易让用户产生反感。有了直播，我们完全可以跳过开场，直接对此刻用户在哪里、在干什么，以及其身后的环境一目了然。

如果接下来只能选一种内容形式，我一定会选直播，也一定会着重训练自己的直播能力。

直播潜力无穷，是非常好用的一个社交杠杆。

先了解一下直播

如前文所述，我总结了 6 种内容形式。其中，直播是最

有效、最全面的一种。

为什么我会对它有如此高的评价？ 因为它有 4 个优势是其他内容形式所不具备的。

1. 杠杆很高

直播间的容量无限大，这决定了其高杠杆属性。

一小时直播，直播间里可以有 1000 人、10 000 人、10 万人，甚至 100 万人同时在线观看。

2. 爆发性强

2022 年 4 月，刘畊宏在短视频平台带领"刘畊宏女孩"健身的视频被疯狂转发，直播场场火爆；同年，东方甄选的直播间，仅用两三个月的时间就火爆出圈，东方甄选成了一个现象级的直播账号。

3. 成交属性极强

直播间中的交互是实时的。直播时，主播通常会用"大家刷个 666"等方式与用户互动。互动越多，粉丝黏性越强，成交的目的也越容易达到。

"种草"靠的是短视频，成交还得靠直播。

4. 灵活度高

此外，直播还有一大优势 —— 不需要花太多的时间准备，回答问题就可以了。我每次直播前，通常会花半小时到一小时做准备，写一写提纲、要点，按照要点展开介绍或解释。

这一优势并不绝对，尤其对新手博主而言。为了确保直播的顺畅，很多博主会提前写好文字稿，直播时照着念，全程都不和用户互动。

刚做直播时，博主都会经历这样的过程，直播次数多了，就能做到脱稿，并靠着框架和逻辑输出了。

这有点像上台演讲，第一次上台时，大家一定会写演讲稿，演讲次数多了，大家靠的就是框架和思维了。

因此，做好直播不仅需要积累，还需要大量的时间投入，以获得算法的推荐。

基于以上优势，我个人觉得，创始人非常适合做直播，但一定要选择一个适合自己的直播类型。我梳理了以下 3 种不同的直播类型。

你适合哪种直播类型

1. 连麦型直播

连麦型直播有两种连麦方式：一种是创建一个聊天室，与粉丝连麦，一对一或一对多都可以；另一种是与大咖连麦。

这种类型的直播，要求主播有一技之长，有连麦回答问题的能力。如果你很厉害并且很擅长回答问题，这种直播类型就很适合你。

2. 公开课型直播

这一类型的直播有点像单口相声，自己提出问题自己解答。

现在很多博主都在打造这一类型的直播间，每天讲同样的内容，或者采用同样的结构，不断洗流量。

如果你不太擅长回答问题，比较擅长自己讲，而且愿意把一个知识点讲 100 遍且不腻，就比较适合采用这一直播类型。

3. 选择问答型直播

这种类型的直播也比较容易操作，在直播间放一个滚动的大屏幕，把自己想到的一些问题放上去，让粉丝们选择，选哪个就回答哪个。要注意，可以在评论区对粉丝多一些引导，增加互动频率。

如果你有 100 个问题要回答，并且整理好了答案，那就采用选择问答型直播。

打造一个高变现的直播间

做好了这些基本工作，你还要时刻记着做直播的目标 —— 销售自己和产品，说服用户付费。达成这一目标，其实也不是很难，但需要做好更关键的四步。

这四步，其实就是回答潜在客户在心里预设了却没有问出口的 4 个问题。

第一个问题：你是谁，我为什么要听你讲？

回答这个问题的目的，其实是亮明你的身份，让用户知道你究竟是谁。

比如，我的身份是连续创业者，通过经营关系和私域，从 300 个好友做到 3000 万人的私域资产，还做了福布斯的圈层，做了恒星私董会，现在做超级个体，一年能变现几千万元。

第二个问题：我为什么要买，以及我为什么要被说服？

回答这个问题的目的在于挖掘用户需求。

受众为什么要买我的书？ 我的说服方式是，"如果你现在想破圈，如果你想通过社交让个人价值放大 5 倍、10 倍，那你可以看看我的内容"。这就是挖掘用户需求。

第三个问题：我为什么要买你的产品？

回答这个问题是为了建立信任，是在向潜在用户证明产品的合适度和匹配度。

比如，这本书是通过 8 场直播聊出来的。我将我关于社交、关系的一些核心方法论进行了输出和整理，本书包括了我创业 8 年以来关于社交的全部理解，以及高效进行社交的方法论，绝对是我多年来的核心成果。

这，就是和读者建立信任的过程。

第四个问题：我为什么要现在买你的产品？

回答这个问题的目的是促成交。

举个例子，今天直播间的书只要 1 元，仅限前 100 本，主播下播之后马上涨价。限时限量，机不可失，时不再来，这种话术就是在暗示、引导、刺激用户立即下单。

接下来，我以卖货直播为例对这个问题系统讲解"四步"。

第一步，亮身份。这一步在卖货直播中可能会随着主播或品牌的声望的变化而逐渐被省略。

第二步，挖需求。"有没有冬天脸很干、经常起皮的小姐姐"，这是在挖需求、戳痛点；还可以通过说自己的皮肤很好，引出产品的卖点，解决用户的痛点。痛点、爽点、卖点，就是挖需求的三大点。

第三步，建信任。"这个护手霜、护肤霜很好，是某集团生产的，很适合送人。"

第四步，促成交。"最后 300 套，原价 500 元，在直播间只要 198 元，仅限前 1000 套。"

不管是卖课直播还是卖货直播都应包括这四步，只不过这四步涉及的问题，在不同的阶段，主播会用不同的方式回答。

未来，是属于社交的。直播，就是在社交信任的基础上做批量成交，这一定会成为每个超级个体的变现标配。

关于社群，你应该知道这些

问一个问题，目前我有 300 位私董，如果每天和这 300 位私董一对一聊天，你觉得我能做到吗？

我猜，大多数人会觉得，任务太艰巨，不太可能实现。

如果把他们拉到一个群里，通过群做交流，是不是就相当于做到了？

这就是极其有效但被很多人轻视的一种社交方式 —— 社群 —— 的威力。创建一个社群链接场，让成员同时获益，从而让社交效率变得更高。

不过，你真的知道什么是社群吗？ 它为什么能这么火？ 如何维护社群？

什么是社群

大多数人认为，社群就是简单的微信群、QQ 群。真的是这样吗？

我对社群的理解是：有共同理念、目标或文化利益，由一个核心人物发起或运营，处于同一个社交"容器"内的人群。

（1）有共同理念、目标或文化利益，意味着群成员因为某个共识进入一个群。

（2）核心人物，他构建了社群的文化理念和规则，既是规则的制定者，也是规则的守护者，更是调动社群里的关键人物。

（3）社群中的人需要一个社交"容器"。孔子和他的三千弟子，在一个空间内相互传播知识，这就是一个很有活力的社群。以前的QQ群也是社群的一种。微信是一个大家有共同使用习惯的App。现在的社群更多以微信群的方式体现。

符合以上这三点的群，才能真正被称为社群。拉一个群，发个广告，这不是社群。这种群没有任何价值和意义，没有生命力，更没有存在感。

目前，我经营了一个核心社群，还有4个高质量社群，它们都非常有含金量，成员之间的关系处于弱关系与强关系中间。前文已经对此做过简单的介绍，这里不再赘述。

听起来，社群确实很强大，那么为什么它能这么火？它有哪些具体作用？

社群为什么这么火

社群，是一张有效的社交名片，也是承载并经营用户关系的一种载体。

有一天，你想连接某个厉害的人时，群里的成员可能会成为你的杠杆，刚好能为你提供对应的人际关系。

社群的厉害之处体现在三个方面。

可以批量处理社交关系，提高社交效率。

社群，可以把私聊变成群聊，不再需要一对一沟通，一对多沟通能更快速解决问题，进而大幅度提升社交效率。

加入一个优质的社群，可以提升个人 IP。

你是谁不重要，你跟谁在一起才重要。加入了某个佼佼者众多的社群，尤其如果这个群有严格的准入门槛，往往就是一种身份的象征。

优质的社群，可以直接变现。

优质的社群往往有优质的人际关系，我们如果加入，极有可能收获惊喜。

比如，在恒星私董会里，做一次个人推广就要发 500 元的红包，之所以很多人依然会做，就是因为在这个社群里做一次个人推广，往往会带来十倍甚至百倍的回报。优质的社群，往往可以直接变现。

列举了这么多运营社群的好处，可能依旧有人认为，建群容易维护难，运营社群太麻烦，也很浪费时间。

我的观点是，维护社群的确不容易，但如果你掌握了方法，也愿意投入一部分精力，其实也不难。

掌握方法，投入精力，维护社群其实也不难

在我看来，好的社群运营，不需要靠群主每天管理，而是靠规则自发运行。

只要设定好规则，并且群主能够以身作则，前期带头维护，就无须花费太多的精力管理，一天活跃一两次，一个星期活跃一两天就够了。

如果你有运营自己的核心社群的想法，我建议你先做免费的社群，不承诺每天必须活跃，操作过程也更简单。

群名：某某和他的朋友们。

进群方式：群主邀请，群主审核制，优质的群成员是良好氛围的基础。

群规则：比如，规定什么是优质内容，什么是不鼓励传播的内容，什么是严禁发到群里的内容，什么是广告，允不允许发广告，有什么奖励和惩罚，等等。群主要精心制定并且以身作则，前期一定要做好引导。

作为免费社群，社群管理相对轻松，因为不涉及收费和权益等问题。

如果你想建立一个付费社群，则需要花费更多心思，制定更细致的方案，并且要提前明确免责条款，以规避风险。

关于付费社群群规则的制定，我的核心社群——恒星私董会，有一版打磨了两年的群规则，我就是靠它为几百名企业家客户服务，让一个社群持续学习和进化的，群氛围非常好。

在这些规则的最后，还有一个非常重要的免责条款。我的恒星私董会的免责条款如下："我没有体验所有私董的产品，没法为任何一位私董做背书，本群的所有商业合作，请自行判断风险。"

群主提醒群成员入群必须遵守的规则和本群的运营方式是非常必要的，这也是群主的责任和义务。群成员进行商业合作时，必须自行判断风险，这是群成员自身的责任。如果没有这些入群规则和必要的提醒，将来出现问题会很棘手。

除了制定好规则，社群的维护还有两个关键点：内容和活动。

对于内容，关键在于持续地让群热闹起来。就是引发群成员的关注和讨论。这看起来很简单，实际上却需要我们不断分享有趣的内容，比如朋友圈、好玩的段子、美景等，这些分享可以引发群成员的兴趣和讨论，提高群的活跃度，并可能带来高价值的内容。

例如，在"千万要保住老板，不要让老板工作了"的网络段子特别火的时候，我把这个段子发到恒星私董会的群里，引发了很多高质量的讨论。我以截图的方式把很多讨论分享到了朋友圈，也收获了很多点赞。

深度的内容分享也很重要。我经常在私董群里做一些深度分享，比如我会把月报以文字的方式分享到群里。

除了内容，进行社群维护时也需要策划一些活动，包括线上茶话会、线下的饭局，以及线下的闭门会等。此外，进行社群的维护时也需要借助一些小工具，我经常使用的小工具是企业微信，企业微信群在功能方面比普通的微信群更加强大。它具有活码功能，可以指向不同的群，而且有机器人自动管理群，例如，新人进来之后，机器人会自动打招呼，还有群聊统计的功能。当你运营多个社群时，使用企业微信将更加方便。

总之，社群是一群拥有共同兴趣、认知、价值观的用户，在互联网平台上聚集在一起互动、交流、协作的社交杠杆。

如果你懂社群，懂得用好这个强大的社交杠杆，那么你的各种强关系、弱关系，将会聚集在一起，产生群蜂效应，进一步放大你的社交资产和变现效果，让你快速成为"超级个体"。

如何玩转朋友圈

从最初的熟人社交，到如今的"泛社交"，微信作为一种不同于其他平台的人际交往工具，影响着我们的生活。

在快节奏生活的今天，微信似乎不再只是一个通信工具，而成了一个去中心化的社交平台。

但是，你真的会发朋友圈吗？

你平时喜欢发朋友圈吗

作为微信使用率排名第一的功能，朋友圈打破了传统社交的空间局限，使人们可以持续了解彼此的动态，让现实中既有的人际关系在虚拟空间得到了维护。因此，我们不应该害怕在朋友圈中展现自己的生活和思想，只要选择合适的时机、合适的内容，发朋友圈能增加自己在关系中的好感度。

当然，朋友圈也有其负面影响。朋友圈的本质，其实是一面放大镜，既可以放大美好的一面，也可以放大不美好的一面。在不适当的时机，发一些不合适的内容，会降低大家对我们的好感度。因此，我们应该在发朋友圈前，仔细想想自己的内容是否合适。

比如，你未经他人允许，天天发一些与对方私密聊天的内容，故意暴露隐私让对方难堪；或者在朋友圈传播负能量。你的好友可能为此不愿意理你，甚至屏蔽你，你在好友心中的地位和印象也会大打折扣。此外，朋友圈在方便人们互动的同时，也放大了人与人之间的一些矛盾。不过，我们不应该因此放弃发朋友圈，而应该更加自信地发出自己正面的声音。

为了解决一些不必要的麻烦，微信也在不断改进，很多人，尤其是性格内向、不擅长社交的人，或者工作稳定、生活稳定的人，顺势选择了仅允许朋友查看最近三天的朋友圈。根据微信创始人张小龙的说法，在微信用户有 10 亿人次时，使用"朋友圈三天可见"功能的用户已经超过 1 亿人次，相当于有 1/10 的用户使用了这一功能。

互联网的一个铁律——"1990 法则"，可以很好地解释这一现象。在网络世界里，只有 1% 的人在创造内容，而 9% 的人在评论内容，90% 的人在消费内容。在朋友圈里也是如此，发朋友圈的人是少数的 1%，9% 的人会评论、互动、回复，90% 的人属于旁观者。因此，我们不应该因为朋友圈的浏览量不高而失去自信，而应该坚持发朋友圈，让更多人了解自己。

　　并不是每个人都会发朋友圈，一条有 1000 次浏览量的朋友圈，可能只有 20 条点赞和评论，而发朋友圈的只有 1 个人。但对想要打开社交局面或打造 IP 的人来说，关闭朋友圈或选择"朋友圈三天可见"并没有太大的好处。唯一的好处是，为个人隐私增加了一层保护膜，同时减少了一些不必要的焦虑和比较。

　　我也听到有些小伙伴会说："我有时非常想发朋友圈，但是想到之前发的内容都没几个人看，就打消了这个念头。"

　　没关系，我来教你，如何让更多的人看到你的朋友圈，并且让更多的人通过你的朋友圈对你产生信任。

发朋友圈也讲究时机

　　发朋友圈也是讲究时机的，其关键是将心比心，根据大多数人的作息时间选择发布时间。

　　作为私域的专业玩家，我有一套精心运营的策略，对重要的朋友圈，我会在 4 个时间段发布，我还做了一个专业表格，我称它为"朋友圈运营规划模板"，如表 4-1 所示。

　　如何对朋友圈做运营规划？

　　要争取让自己的朋友圈被刷到，就要让两条朋友圈隔开一段时间。虽然朋友圈的好友数量在增多，但每条朋友圈可能只覆盖 10% ~ 30% 的好友。因此，要想让所有人都看到你的朋友圈内容，就要在不同的时间将不同的内容发 5 ~ 10 遍。

表 4-1 朋友圈运营规划模板

周一	周二	周三	周四	周五	周六	周日
7:30—9:00 早高峰时间					周末 11:00—14:00	
正能量	干货	情感 / 段子	干货	情感 / 段子	正能量	干货
11:30—13:00 吃饭午休					周末 16:00—18:00	
干货	粉丝福利	干货	粉丝福利	干货	粉丝福利	粉丝福利
17:30—19:00 下班时间					周末 18:00—20:00	
好评反馈	搞笑段子	好评反馈	好评反馈	好评反馈	好评反馈	好评反馈
21:30—23:00 睡前放松					周末 21:30—23:00	
干货 + 种草	干货 + 种草	互动	干货 + 种草	干货 + 种草	干货 + 种草	互动

早高峰时间发一条朋友圈。你的好友此时要么刚刚到公司，要么在上班的路上，其看手机的概率比较高，容易刷到你的内容。

吃饭午休时发一条朋友圈。上午忙了一阵，要换换脑子了，一边吃饭一边刷手机是很多人的习惯，我们可以在这时抢占关注。

下班时间发一条朋友圈。这个时间，很多人都下班回家了，忙碌了一天，想好好放松一下，摆脱工作的烦恼，刷朋友圈是一种很好的解压方式。

　　睡前放松时发一条朋友圈。在这个时间段，大家往往吃完晚饭，正躺在床上或沙发上打游戏、追剧、玩手机，准备过一会儿睡觉了。人们在轻松愉悦的时候，最容易信任他人，这时候发一条朋友圈，效果也不会太差。

　　要想进一步，做成交型朋友圈，还有一个很重要的心法 —— 多发关于重大事情的内容。

　　因此，一般来说，对于重要信息，我可能会一天、两天，甚至一周发一次。如此一来，基本上浏览朋友圈的人，都会看到我这条重要信息了。

　　此外，你还要学会筛选内容，该屏蔽的内容就屏蔽，该忽略的内容就忽略。

　　比如，我看别人的朋友圈时，会挑选一些发布的内容有价值的人，将他们设为星标好友，定期且持续关注他们的朋友圈。

　　对于那些经常发布没有价值、没有营养的内容或经常发广告的人，我会长按头像设置单向屏蔽，就是我不看他的朋友圈了，但他能看到我的朋友圈。

　　这就是筛选的过程，这是把自己的朋友圈变得更干净、更有价值、更能提升社交效率的一个过程。

　　在发朋友圈时，有一些误区我们一定要提前识别，千万不要被迫在好友朋友圈里"躺平"[①]。

还在好友朋友圈里"躺平"吗

要想不在好友的朋友圈里"躺平"，我们就要针对内容进行设计，最好的方法是，展示过程而非展示结果。

展示结果，是把产品内容当广告一样发布；展示过程，是把产品的生产过程、自己独特的思考，以及一些情感加入产品内容，从而让用户对产品产生更多的期待。

比如，对于同一个产品内容，文案是相同的，设计是相同的，连图片也没有一点变化，反反复复发这样的内容，朋友圈就容易被别人屏蔽。

这个时候怎么办？我的建议是，围绕过程做全方位的展示。

我写书时，会每天转向直播间一次，或者偶尔在朋友圈说一下完成的字数和写作历程，希望大家点点赞、给点鼓励。这是一种过程展示。

或者，设计图书的封面时，我会发朋友圈让大家帮忙确定版本；去印刷厂时，我发现一排全都是我的书，瞬间觉得很有成就感，把印刷过程拍成视频发到朋友圈里，就会收到一

---

① 躺平：网络流行词，在部分语境中的意思为：瘫倒在地，不再渴求成功。——编者注

波点赞，相当于预热一下自己的书。这是另一种过程展示。

发朋友圈时，价值感是根基，价值感不高的人或内容，很容易被屏蔽。

例如，朋友圈里一个特别厉害的老板发的内容，我会认真研读，希望能从中得到一些启示。

再分享 3 个小建议。

第一，养成一天至少发一条朋友圈的习惯，这一条朋友圈可以是看一本书之后的心得体会，可以是出去玩时的随手拍，也可以是对美食的记录，还可以是看综艺节目、学习课程受到的一些启发。这会让更多人记住你。

第二，每天发多条朋友圈时，记得将心比心，评估一下这条内容能为好友提供多少价值感。

第三，发一条新的朋友圈时，把上一条朋友圈删除，这样你的朋友圈不仅可以持续刷屏，还不容易被好友察觉。

这个世界会为表达者赋予红利，"1990 法则"中的 1% 就是表达者，当你在发声表达、传递内容时，就获得了很多人的关注。

当你持续地发朋友圈、做直播、拍短视频时，就已经战胜了 99% 的人，如果再拥有一些商业思维，那么你距离人群中万分之一的超级个体就不远了。

第五章

这些社交话题技巧，建议收藏

你真的会聊天吗

要想社交顺利进行，还有很关键的一步，那就是找到优质的话题，以快速拉近双方距离。

你平时会聊一些什么话题？ 哪些话题是无伤大雅且对彼此有用的？

在我看来，自己刚刚经历的事情、天气、社会热点、风土人情都是非常好的破冰话题。不管是一对一聊天，还是线下一对多聊天，我们都可以将之作为固定开场。

好话题有哪些要求

什么样的话题才能被称为好话题？ 好话题应该具备哪些要素？

我的标准是，好话题，要考虑场合、交谈对象和交谈目的。

首先，考虑场合类型，就是根据不同的场合，选择不同类型的话题。

场合可以被分为多种，有公开的，也有私密的;有线上的，也有线下的。比如，在公开场合，你就不能和对方聊一些很私密的内容；在私密场合，你就不用非得聊很专业的知识。

其次，你还要考虑交谈对象的特点。

如果你的交谈对象是女性，那询问对方年龄、体重、身高等信息，就是"犯大忌"了，这是大部分女性都不太愿意提及的。

我以前在这方面经常"踩雷"，每次都忍不住好奇会询问对方的年龄，对方一般不会告诉我，交谈过程就变得很尴尬。

最后，在社交时，你还要考虑交谈目的，想清楚交谈目的是什么，尽可能让每一次交谈都有价值。

做到了以上三点，在交谈话题方面基本不会出错，你可以在生活中试一试这套标准。

以线上商业社交为例，我来分享一下我的交谈过程，供你参考。

首先，这是一个线上的场合，是多方参与的一次社交。在一般情况下，我会先向观众介绍自己和对方，并且夸赞对方一番。

这样的方式会让对方放松，快速进入状态。

其次，我会引导对方介绍获得"第一桶金"的经历和踩坑经验。

这是非常有效的话题，能让双方之间、对方与观众之间迅速进入状态，快速拉近彼此的距离。

最后，我还要准备一些比较有深度的话题，围绕这些话题进行提问。

这些话题要与社交主题相关，与干货相关，这样我们才能对对方提供的内容做进一步挖掘，全面展示他身上的干货。

假如，我与一位专业的图书策划人连麦，我会问他"为什么会出这本书？你出过最失败的书是哪一本？为什么会失败？"

按照这一过程推进，单场观看量基本上不会太少，观众的体验也不会太差。

知道了基本的话题要素，我们就应该开启话题了。这时，我们很容易因为采用了一些错误的方式，让本来有趣的话题变得无趣。

这有点像我们在追求喜欢的人时，为了赢得对方的好感，想到了与对方有共同语言的话题，却聊得很尴尬。

你聊到过一些对方不愿意提及的话题吗

对方不愿意提及的话题往往有三种。

第一种，有些话题涉及隐私，如年龄、体重、情感状况等，如果你贸然提起，可能会让人感到不适。

第二种，你刚认识一位新朋友时，就提一些像查户口一样的话题，比如资产情况、工资收入等，就显得有些不合适了。

第三种，如果对方一直回避某个话题，那么你就不要"打破砂锅问到底"，一直追问下去可能会让人感到不舒服。

以上三种话题，除非对方主动提及，否则你最好不要直接询问。要懂得适可而止，见好就收。

如果自己被别人问到这三种话题，该怎么解决？

我有一个万能的回避方法：打乱对方节奏，把问题抛回去。

我来演示一下正常情境下的对话。

A：你一年挣多少钱？

B：呃……不多。

很明显，B并不想直接回答这个问题，但是又不好直接拒绝回答，担心给对方留下不给面子的印象。

你想一下，无论你如何回答对方提出的问题，都会落入他的语言陷阱。但是，把问题抛回去，你的答案可能就不在他的意料之内，他得不到他想要的结果，就会"乱了阵脚"。

有一点要注意，反问对方时，我们并不是简单地问一句"你呢"，也要讲究一定的技巧。

B在下面这个对话中，就使用了"回避术"。

A：你们公司去年赚钱了还是亏了？

B：这个问题很有趣／很好，你为什么想知道？

这是一个通用的解决方案，既赞美了对方，又沿着这个话题把问题抛回去了，主动权掌握在你手里。

A：因为我感觉现在公司的运营都很困难，所以想了解一下。

B：的确，最近很多公司的运营都很困难，我们这个行业也不太景气，但还是要找出路。

这样的回答，不仅没有让双方难堪，还扩展了话题，使用效果"五星"。

你有过与他人讨论太多毫无意义的话题的经历吗？ 以后，你还是要尽可能避免这种情况，因为其"营养"几乎为零。

这种情况在在线聊天中比较常见，特别是有些男生在追求心仪对象时，有时为了和对方有共同话题，会故意套近乎。

A：在干什么？ 吃了吗？

B：还没吃。

A：吃什么？

B：吃牛排。

A：多少钱？

B：133 元。

你可以想象一下，这种情况是否经常出现在你的谈话内容中，其内容很散，并且没有提供任何有价值的信息。

如果你每天都以这种方式和心仪对象聊天，那么我认为你需要做出一些改变了。

还有一种情况是，很多人在聊天时只聊自己感兴趣的内容。

这种聊天情况很有画面感。

两个人面对面坐在一起聊天，但是 A 一直在说自己感兴趣的事，进入了心流状态，沉浸在话题中；B 则充当了倾听者，由于对话题实在不感兴趣，有点听不进去，面无表情，一心沉浸在自己的小世界当中。

在这种情况下，你觉得 B 该如何处理？ 是一直听下去还是中止谈话？

在一般情况下，我的处理方式是，试着把话题拉到自己擅长的领域里，并尽可能创造彼此之间交流的合集。

比如，我与一位行业内专业的图书策划人聊天，图书策划不是我的专业，但是做私域和做 IP 是我的长项。

为了让我们的交流更顺畅，我可能会问对方"IP 行业的哪几个人在出版方面比较厉害？ 你认不认识 ×× 老师？ 你们怎么认识的？ 你怎么看待他出书的一些策略？"

通过这样的方法，我们找到了彼此之间的共同话题，我既让对方对对话产生了兴趣，也发挥了自己的优势，更为自己的优势话题库积累了素材和案例，可谓是一举三得。

是时候积累优势话题库了

如果你想让自己在每次的交谈中都能做到畅所欲言，那么我再教你一招 —— 积累优势话题库。

上学时，语文老师会告诉我们，要想作文写得好，一定要注重积累素材，看到好的词汇、句子、段落，可以写到摘抄本上。

这个方法的确很好用，每次写作文时，我都能从素材库里找到一段话"复制"过来，还能得到老师的"好评"。

除了能为作文增添色彩，这个方法也是一个很好用的社交利器。

如何积累优势话题库中的素材？其方法和积累素材的方法大同小异，知道自己擅长的话题，把自己的经历和故事、身边人的经历和故事慢慢积累起来，一个话题库就形成了。等某个话题出现时，我们可以尽可能使用素材库中的内容，这样就不会因为接不上话而尴尬了。

要想话题库中的内容取之不尽，用之不竭，总能有不一样的素材，我们也要学着给话题库更新换代。话题库也是有门槛的，不是所有的故事都能被收录其中的，我们要选择能打动人心、有价值感、能引起思考的故事。不要奢望"一个故事用十年"。

我发现，很多 IP、主持人、演讲家都有这个习惯，每次都会讲述自己的经历和故事；经常讲一些有低谷也很激昂、有心酸也很励志的故事，在讲述过程中不断叩击听众的心门，让听众思绪跌宕起伏，产生共鸣。

"偷偷"分享两个我听了 100 多遍的父亲的小故事。

小时候和他一起出去吃饭时，他每次都会把自己的光辉事迹讲得绘声绘色。

他会讲，他带补习班时，堂堂爆满，楼道都坐满了人，其中很多人最后考出了高分。

他也会讲，因为教书的效果好，自己被县里某个中学的校长看中，但是当地学校的校长不放他走，他因此给人下跪求情。

这是我父亲积累的优势话题库中的重要素材，他在不同情况下讲述不同的内容，调动情感，继而得到他人的认同。

这就是优势话题库的作用，无论与谁交谈，无论回答任何问题，我们都能借此把对方的注意力吸引过来，给对方留下深刻的印象。

热点事件，一类永不枯竭的话题

"快来吃瓜了""有个大瓜""我只是一个不明真相的吃瓜群众"……"瓜"是指热点事件，"吃瓜"就是看热闹。

热点，是一种持续产出的新鲜事件，是群成员津津乐道的谈资，是一类可以化解交际的尴尬并快速拉近彼此距离的社交话题，在一定程度上也可以拓展自己的知识面。

有时，热点事件也能检验人与人之间的关系。

如果，一个人只把热点事件私发给你，而且你明确知道他没有发给太多的人，那说明你们的关系极其亲密。

如何精准获取热点事件？对我来说，看朋友圈就是在看新闻，看群就是在看热点事件，高效获取热点事件的策略是尽可能连接高价值的、有趣的人，加入高价值的社群，和他们产生相关性。

他们已经帮你对热点事件进行了筛选，与打开互联网新闻网站找新闻相比，浏览他们筛选过的热点事件的做法更有针对性、精准性，更容易击中目标靶心。

什么类型的热点事件值得聊

巧用热点事件虽然能为关系的建立带来很多好处，但是我们需要掌握技巧才能借此让关系更进一步发展。

在聊热点事件话题时，我通常会根据话题的三个要素（对象、场合和目标）来调整内容。

要不要发布一个热点事件话题，取决于其内容的两个维度：一个是重要性，另一个是相关性。

我的原则是，如果其内容既重要又与我和群成员相关，那么我肯定会发布；如果其内容重要但与我和群成员不相关，那么我会根据情况决定发布与否。

有时，相关性比重要性更重要。例如，如果最近爆出某个名人的婚姻状况有变，但其与我所在的行业不相关，即使这一内容很重要，我也不会立即在私董群里发布相关内容，除非是极其特殊的情况，比如某个演艺行业的顶流明星有劲爆消息。再如，之前一位知名美食视频博主与某公司有股权矛盾，我就在群里发布了与这个热点事件话题相关的内容，并出了一期视频专门讲述了这个事件。这不仅是一个热点事件话题，而且其内容与我的行业有很强的相关性。在"吃瓜"的同时，我们也可以共同学习其中重点。

不重要且与我和群成员不相关的内容，我大概率不会发布。例如，如果某个地方发生了重大车祸，但与我们公司和员工没有关联，在通常情况下我不会发布相关内容。

有一点需要格外注意，再重要、再相关的内容，一旦涉及歧视，我就绝不会发布到群里。

选择话题的重要诀窍之一就是，在找到一个话题的同时，要找到自己感兴趣的相关点。

聊天也得掌握技巧

同样是聊热点事件话题，很多人的聊天方式容易让人反感。如何聊天才能更快速地拉近彼此距离？给你分享4个建议。

第一，要考虑对象和场合。

比如，我刚创业时，没有太多禁忌，经常在各种场合讲一些只有男士喜欢听并且能听懂的段子。后来，公司女士多了，有人提醒我这么做不合时宜。听了他的提醒，我发现自己的做法确实不妥当，没有考虑女士的感受。从那以后，在任何公开场合，我再没有讲过那些段子了。

第二，不要单方面索取信息，要学会分享。

比如，如果想知道对方有没有结婚，有的人会这样问："你结婚了吗？""打算什么时候结婚？"这种单方面索取信息的问法就像在拷问对方一样，估计用不了几句，你们就进入尴聊阶段了。不妨试着用分享的态度问出这些问题，比如问："你有结婚的打算吗？""这年头，婚礼的形式越来越多样了。"

这种沟通方式不会伤人，使用起来会让彼此都没有压力。聊着聊着，对方往往就会很自然地分享信息了。比如，顺便告诉你："有打算，但是现在工作太忙，还没有详细计划。"此时，你们的关系就拉近了。

第三，就同样的话题，如果以自我揭短的方式问出来，效果会好很多。

比如，我觉得自己的脸很大，有时候我会调侃说，脸太大以至于遮住了阳光。这种方式效果很好，不仅能让氛围变轻松，还能让对方觉得你是一个很幽默的人。

第四，要避免他人产生反感，聊天时，尽量把话题抛给更多的人。

在多人聊天的场景下，一个话题可能是这个人的甜蜜点，也可能是另一个人的禁忌区。这时候你一定要选好话题。比如，你想了解身边人的工作状态，可以这么开头："我觉得自己最近工作特无聊，可就是下不了决心换工作。我看你们干得倒是挺有劲儿，怎么做到的？"只要这样问，一些平常不太会跟人说起的信息就容易出现，周围人的工作情况你基本也清楚了。

　　总之，聊热点事件话题时，你应以不给对方压力为大原则，做到不索要信息、不炫耀自己、不具体针对，这样才能既拉近彼此关系，又避免冒犯对方。

　　与其他类型的话题相比，热点事件话题可以快速拉近人与人之间的距离，而其最大的优势在于，永不枯竭，永远存在，并且不断更新。

如何通过反差取胜

反差，本是摄影领域的一个常用语，是指画面中不同部分的黑白差异程度。

现在不同了，反差的应用范围在扩大，制造反差成了做短视频内容的技巧，它能帮助我们吸引观众的注意力。

同样，我们在社交时，也可以利用反差给他人留下深刻的印象。

如何制造反差

常识不吸引人，"反常识"才吸引人。

此处分享一些"反常识"的标题，让你更好地理解反常识类反差的强大魅力。

标题一：不要用提成制来激励销售团队

之前，我和一个朋友初次见面，才聊了十句话，他就说："我们从来不用提成制激励销售团队。"

我当时很诧异："不用提成制激励销售团队用什么？ 这种方式不是大家都在用的吗？"

带着好奇心，我听完了他的解释，觉得确实挺有道理的。

标题二：富二代也有不幸

刚看到这个标题，你会不会很惊讶？ 他们的物质条件优越，生活水平高，怎么会有不幸？

原因有三。

其一，富二代自己手里不一定有很多钱，资金的使用权一直受父母限制。

其二，富二代可能一辈子都无法超越父母，内心很压抑。

其三，富二代成功了会得到认可，不成功就会受到攻击。

这，就是制造"反常识"类反差。

标题三：小区阿姨给我上了一课

听上去、看上去，小区阿姨似乎并不具备给人上课的资质。结果，她给我上了一课。

这些标题，都有一个共同的特征 ——"反常识"，极具吸引力，让人们看到后很想点看详情。

除了"反常识"，数字也是制造反差的一个好工具。

2022 年 3 月，我在公众号发布的一篇文章，标题为"公司从 600 人降到 60 人，过去一年，我经历了什么"，在朋友圈刷屏。

按照常识，公司的发展一般会从 0 到 1，人数从 10 到 100 再到 1000，这能显示出公司的欣欣向荣、蒸蒸日上。

我却不走寻常路，偏偏要让公司人员从 600 人缩减到 60 人，直接砍掉 500 余人。

正是这种"反常识"类反差吸引了读者的注意力，读者好奇公司究竟发生了什么才会让我做出如此举措，这篇文章因此吸引了一大波流量。

无论在朋友圈、公众号、短视频、图书中，还是在人际交往时，制造反差都是一个很好的吸引对方注意力的技巧，但一定要谨慎使用。

好的反差有标准

大家有没有想过，为什么要整顿公众号的标题党？ 这和反差有一定的关系。

之前，很多公众号为了吸引流量大量制造反差。

制造反差的作用是激发好奇心，但如果反差被利用得太过分，会适得其反。

有一件事情让我印象特别深。我 4 岁的时候，火车站旁会有一些人卖一些没有公信力的市井小报，卖报的小哥会大喊出 ×× 明星自杀了、×× 出轨了、×× 残废了诸如此类的虚假消息，以销售报纸。

他们就是在通过虚构具有反差的内容，吸引受众买报纸，但是这种虚假的内容会让人自然产生一种极强的厌恶感。

那好的反差有什么标准？

好的反差是，意料之外抓噱头，结论圆回来之后在情理之中。

如果结论不能圆回来，我们就要小心，说明对这个内容最好不用这招，用得越多越证明你是一个说话不靠谱、夸大其词的人。

我的"公司从600人降到60人，过去一年，我经历了什么"一文，就是用600人缩减到60人，这一意料之外的情况吸引了读者的注意力。

要想做到位，我还需要让读者接受我的观点和想法，尽可能做到让结论在情理之中。

于是，我在文章中解释到，经过一段时间的发展，我看到了商业的本质。虽然600人的确很多，但公司的整体工作效率并没有提高。也就是说，员工数量与赚钱效率，不成绝对的正比。

当时公司的增长模式不是完全健康的，很多新的项目并不是我发自内心想做的，我只是为了上市、融资才做的。

经过一段时间思考，我发现这不是一种合适的、合理的创业，而是一种为了创业而创业的创业。

看完这些内容，读者会觉得我的判断、选择、决策是正确的，这些解释在情理之中。如果你想看这篇当时在朋友圈阅读量 10 万 + 的文章，请移步我的微信公众号。

那么，如何在社交中利用反差让自己脱颖而出？

如何用好反差

方法很简单。首先，做好日常生活的规划和计划。

我看过的一个采访引发了我深刻的思考。

一位外企的 IT 运维接受了记者的采访。他 40 多岁了，没有结婚，还在租房。他的同龄人要么成了创始人，要么成了公司的高级管理者，事业和爱情双丰收。记者问他，你觉得你们之间最大的区别是什么？

他回答道："我缺乏计划性，过一天就是一天。"

我认为，有些人能够游刃有余地与他人交流，最核心的一点是擅长总结，善于思考，习惯性地回顾每一次社交经历，并通过这样的总结和思考制订下一次沟通的计划，明确能够吸引对方的内容，这样的人会更容易达成目标。

其次，在构建自己优势话题库的基础上，进一步对素材进行提炼，采用制造反差的方式，使吸引别人关注的点更加精彩、更有吸引力。

例如，我会讲述我自己比较有代表性的故事：如何从幕后走到台前，以及为什么要放弃做独角兽，而选择做小而美的超级个体。这些故事都是我的亲身经历，每讲述一次，我都会回顾一遍自己过去的真实思考、真实的心路历程、真实的决策和经历。这样，我的讲述才能更加自然从容，也更容易让听众产生代入感。正如老话所说，台上一分钟，台下十年功。台上展示的只是平时刻苦练习的成果。

在生活中，反差并不少见，你缺少的只是把反差做到意料之外和情理之中的能力。这需要一定的功力、时间和刻意练习，但是只要下定决心，你也能够获得这种能力。

道理或故事，你选择哪一个

很久以前，人们在夜里围坐在篝火边，分享故事；现在，人们聚在一起观影、看剧。人类一直是故事的忠实制造者和消费者。

你有没有想过，为什么人们热衷于花数小时倾听和叙述故事，而不是听道理、记干货？

为什么喜欢听故事

道理，只能帮助你建立专业的形象，让你看起来很专业、很有内涵。但如果一个人只会干巴巴地讲道理，就如同讲着厚厚的教材，其内容往往枯燥无味且很难听懂。

与道理相比，故事更有趣、更鲜活，更容易记忆，也更值得被传播。没有人想被说教，没有人想被教育。

星巴克的创始人霍华德·舒尔茨就是一个会讲故事的领导者。

当时，星巴克的董事会成员打算取消员工的医疗保险，霍华德不同意。他没有直接反对，而是给他们讲了一个自己小时候的故事。

7岁那年，刚刚放学的霍华德回到家中，便从母亲口中得知，父亲在给客户送尿布时，踩在冰上摔倒了，骨盆和脚踝骨折。

在当时的美国，像他父亲这样的工人一旦因公受伤，就摆脱不了被立即辞退的命运。父亲没有医疗保险，家庭入不敷出，霍华德只能出去找人借钱，维持家用。

这段经历给他小小的心灵划上了一道重重的伤口，让他立志成为一名"给员工购买医疗保险"的企业领导者。

凭借这一则小故事，他说服了董事会成员，他们同意公司继续为员工提供最基本的医疗保险。

故事，才是打动人心的第一层逻辑。当我们想与他人建立更加紧密的关系时，一定要给道理穿上故事的"糖衣"，这样才能一直"甜"到对方的心里，也有助于实现目标。

其实，每个人身上都带着故事的基因。一次精彩的演讲，最好的故事一定是来自自己，而不是来自他人的，这样的故事才能迅速打开他人心房，让他人卸下重重的铠甲。

你听过 4F 故事吗

让别人卸下防备的前提是自己先卸下防备。

这里给你推荐一个小技巧，叫"故事的黄金圈"，如图
5-1 所示，其中最里面的圈就是 4F 故事。4F，是指个人的失
败（Failures）、缺点（Flaws）、挫折（Frustrations）和初次经
历（Firsts）的故事。

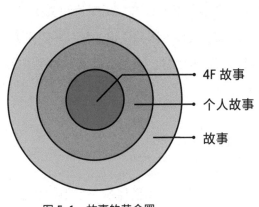

图 5-1　故事的黄金圈

4F 故事不仅易于传播，而且还能够快速拉近人与人的距
离。厉害的博主、大咖，都是讲 4F 故事的高手。

在各种演讲中，俞敏洪老师会反复讲自己高考三次落榜，
然后考上北大的故事。

如果，他直接用坚韧不拔形容自己，大家不会产生认同
感，但是他讲了这个故事，不用再说其他的，大家也会觉得
他是一个坚韧不拔的人。

还有一个例子是乔布斯的故事。为了挖可口可乐的 CEO，
他问了对方一句经典的话：你是愿意卖一辈子糖水，还是跟我

一起改变世界？ 一个极具情怀的 CEO 形象就此诞生。

如果你不具备这些经典的 4F 故事，我还有一个通用的故事主题 —— 自己的"十年体"，这是一个必火的故事主题。"一个不服输男孩的奋斗十年""一个北漂女孩的十年"…… 曾经，我把自己北漂十年的故事，用照片和文字回顾了一遍，做成了一条 Vlog，很多人因此认识了我，并记住了我。

拥有了故事素材，该怎么讲出好的故事？ 这里给各位推荐一个小方法。

七步就能成故事

许荣哲老师的《小说课》一书中，总结了一个黄金故事的方法论：故事七步法。这个方法论让我受益匪浅，我甚至将其改成了一个简洁的 4 句话口诀。

目标有阻碍：你设定了一个目标，但是实现的过程中会有很多阻碍。

努力但挫败：当你为了目标努力时，会遭遇一些挫折。

意外来转弯：你在途中可能会有意外，但这个意外也许会带来转机。

结局很圆满：最后的目标会以不同的形式达成，结局很圆满。

所有故事都可以按照这个方法设计框架和逻辑。

比如，我从幕后操盘手转型做 IP 的故事，就可以按照这七步讲述。

为什么要从幕后操盘手转型做 IP？当时，我希望公司能上市，但发现公司虽然人多，创业却并不容易，我每天都很累，而且陷入了"增长的陷阱"（目标有阻碍）。

我依旧坚持创业，很努力地把公司人数从 0 发展到了 600，公司却不如我预想般盈利，还有一系列伴生风险，特别是在一些危机中，公司会暴露许多风险（努力但挫败）。

让我欣喜的是，公司引入了一个新的财务负责人，他发现了公司资产的漏洞。因此，我对公司做了一次彻底的"瘦身"，规避了风险（意外来转弯）。

我们公司因此挺过了很多至暗时刻，挺过了行业危机，走向了全新的健康发展道路（结局很圆满）。

故事七步法，对新手来说更加适用。所有的销售冠军都不是靠背话术成为销售冠军的。背话术，只能培养出 80 分的销售。

真正的销售冠军，熟知套路，但不会刻意使用套路，而是刻意练习，销售能力达到一定水平后，他们会忘掉招数，灵活输出。

因此，我们应该像大咖们一样，学会讲故事，特别是要以灵活的方式讲述自己的故事：用不同的方式，根据不同情况，不断对自己的故事进行修改，就像不断修改个人简历一样。

社交中的终极核心技巧 —— 提问，你掌握了吗

打开手机，打开微信，看一下你与好友的聊天记录，它们是不是由一个又一个的小问题组成的？大致过程是，你抛出一个问题，对方回答，然后双方不停地追问和反问，直至达成某一共识。

只要你会提问，哪怕知识贫乏、经验不足，也能很快做到与他人无障碍沟通。

你觉得提问重要吗

你有没有发现，同样是上课，不同老师的教学效果天差地别。

有的老师刚上课，一半的同学就趴下了；但有的老师上课，学生不仅精神抖擞，还听得津津有味，轻轻松松就记住了知识点。

为什么都是在讲述知识点，不同的老师却有如此大的差异？

原因有很多，其中的核心原因在于，老师是否会用提问的方式吸引学生注意力。能吸引学生注意力的老师，能把干货整理成问题，通过不断强化问题，激发学生好奇心，把单向输出变成双向交流。

网上有一个观点，交流的本质是提问与回答。无论是短视频、朋友圈、公众号还是图书，几乎所有内容，都可以变成问题的形式。

比如，我要写一篇文章，开篇先抛出 3 个问题："当下社会真的还需要社交吗？为什么现在越来越多的人不敢社交？如何提升自己的社交能力？"

接下来就是自问自答了。我会按照回答问题的逻辑整理文字，解决问题。读者看完后，心中的疑问会迎刃而解。

如果你看到本书的这个部分，你也会发现，我经常会在行文的过程中加上问题，不断让你产生阅读的欲望，从而读完本书。

既然提问如此重要，如此有魔力，那我们应该如何提问？同样是提问，有些问题的答案只是泛泛而谈，但有些问题的答案却能直击人心。那么，如何提出一个好问题？

如何问出好问题

在当下的社会，提问比回答更有力量。特斯拉 CEO 埃隆·马斯克也曾说："在很多情况下，提出问题比找到答案更难。如果能提出正确的问题，那么答案自然而然就出现了。"

要想问出好问题，最重要的一点，在我看来，是找到对方的闪光点，问对方关心的、对方想回答的问题。

比如，你曾经做到高级副总裁，那么光鲜，年薪肯定也不低，为什么想创业？促使你创业的要素有哪些？你创业路上遇到了哪些困难，是如何克服的？

这肯定是对方很愿意回答且能够让对方侃侃而谈的问题，也能快速拉近你们之间的距离。这，就是好问题。

面试，是每个人都比较熟悉却也感觉相对模糊的情景。

我做面试官时，如果对一个人很感兴趣，想给他一个机会，就会问："你有什么问题想问我的？"

注意，这个问题就是一个信号，抓住机会就可以把印象从一般提升到良好。

怎么抓住？最简单的技巧是，提前了解对方的背景，找到对方的成名作，问完成的方法以及做某个细节的原因。

我面试时，如果对方问我"为什么轻课能够做大"，这就是一个普通的问题。

如果对方问："为什么轻课可以持续穿越周期，把握不同类型的红利？"我的内心会很惊喜，这是我特别想回答的问题。

因为我们公司在表面上有 20 个品牌，提问者一定知道轻课不是按照 K12、成员、外语等表面类型进行分类的，而是按照棋盘的模式分类的。

我会认为，提问者对这个行业进行了深度了解，并对轻课有深刻思考，才提出了这个问题。

要想问出好问题，还有一个小技巧：多用开放式提问，少用封闭式提问。

开放式提问：你喜欢吃什么？你想要什么？你为什么辞职？

封闭式提问：你喜欢 A 还是喜欢 B？你想要 A、B 还是 C？你辞职是因为薪酬吗？

一般来说，封闭式提问适合结束话题，要让话题持续展开，激发对方回答的激情，就要多用开放式提问。

有些时候，同样的一个问题，提问的语气不一样，带给别人的感受也不一样。分享两种聊天状态。

第一，"老师，您怎么能够打造出那么多爆款书，并且让它们持续火爆？"

第二，"你是怎么打造爆款书的？"

重要的不是你说什么，而是你怎么说。提问时，一定要注意语气、眼神、身体的状态等肢体语言。如果是线上聊天，不要忽视标点符号的作用。你可以多看几遍自己写的文字，多听几遍自己的语音，体会其中是否带有某种不好的情绪。

想通过提问快速拉近彼此之间的距离，我们还要做好引导，自己先敞开心扉，讲述自己的故事，再让对方放下防备，主动打开心扉去表达。

分享一个快速拉近彼此距离的技巧：生命之河（Life River）。让在场的每个人讲自己的经历，讲自己经历过哪些阶段，在不同阶段有哪些开心的、不开心的事，以及为什么会发生阶段性的转变。每个人讲完一遍之后，彼此就都有了一定了解。

知道了提问的重要性，也了解了提出好问题的技巧，那我们如何从对方口中得到比较理想且有深度的答案？在我看来，思维方式是很重要的一环。

怎么得到想要的答案

人的思维方式大致可以分为两种：海绵式思维和淘金式思维。

顾名思义，海绵式思维就像海绵一样尽可能吸收所有知识，确保不漏掉任何一个细节。这种思维方式强调单纯获取信息，重点在于记忆和理解内容，是一种被动的思维方式，不需要绞尽脑汁进行思考。

与海绵式思维不同，淘金式思维强调在获取知识的过程中仔细琢磨，提出自己的疑问，然后对接收到的信息和观点进行取舍和辨别。

以看书为例，拥有海绵式思维的人是从头到尾读完整本书，像海绵一样吸收多少就是多少；拥有淘金式思维的人则是有针对性地吸收，对怀疑的地方，可以通过其他途径去验证。

我在面试中通常使用淘金式思维，毕竟很多人会通过语言技巧过度包装自己。

比如，有人说他在一年内实现了 5 万的涨粉量和 50% 的转化率提升，听起来好像很厉害，但实际上这并不一定是他个人的功劳，很可能是团队一起努力的结果，只不过他把所有功劳都归于自己。

这时，我们应该先用海绵式思维听对方讲完自己的故事，然后再用淘金式思维提出问题。通过追问和反问，我们可以旁敲侧击地获得更多的细节，进而得到最终的答案。

特别是在面试高管时，我们一定要多追问细节，看对方是否对问题有深入思考。

比如，如果对方说他管理过销售团队，我们可以问："团队中有多少人是你面试的？ 你在面试时会问哪些问题？ 如何管理销售团队中的懒惰分子？ 如果有人跟你对着干怎么办？"

　　如果对方能够立即回答，说明他平时有思考；如果不能立即回答，说明他平时思考不够，很可能是在骗你。

　　提问也是同样的道理，我们要先用海绵式思维充分吸收对方的内容，再用淘金式思维对内容做出取舍，批判地发问。这样，我们才能更精准地从优秀者身上得到宝贵的信息，也能够获得自己真正需要的答案。

第六章

给我一个支点，
我要撬动高价值人际关系

社交高手都有一个特点：善于借势

阿基米德曾说："给我一个支点，我能撬起地球。"

要想撬动更多人际关系，你觉得支点是什么？

以我的亲身经历来看，想获得成功，只知道闷头苦干是不行的，我们还要找到一切可以借助的力量，让他人的势能成为自己的社交加速器。

越会做个人IP，越会进行社交的人，越知道一个人的力量是有限的，越懂得借力打力。

越懂得借力的人，其势能也越强，慢慢就能成为行业中的佼佼者。

借势，有多重要

"借钱要还，借势不用还"，这是金枪大叔对借势的总结，同时也点明了借势的重要性 —— 借势，不仅是一种非常有价值的社交货币，还是一种降低社交沟通、社交活动成本的途径。

为什么说借势可以降低成本？一个例子就可以让你明白。

曾经，一个外国人问："梁祝是谁？"有人回答："梁祝，是东方的罗密欧与朱丽叶。"

这个人为什么这样回答？这就是一种借势，借助了对方在认知观念中非常熟悉的词汇、概念进行解释，能达到快速传递信息、促进理解的效果，进而降低信任成本。

眼下，打造IP最常用的技巧就是借势，其方法主要有3种。

第一种，借助一些固定词汇，这种方法在自我介绍中使用频率较高。

比如，做自我介绍时，我经常用到"私域"和"福布斯U30"。这就是用大众熟知的内容给自己加标签。对方一听，就能把我和私域、福布斯关联到一起，这降低了理解成本和信任成本。

出书时，我也会借助固定词汇的势能。

为什么我会把书名定为"私域资产"？私域、社交、关系，都是日常生活中提及率比较高的关键词，容易与大众建立连接。

第二种，借助有记忆点的物品的势能。

比如，我们通过个人的独特优势，让他人对自己产生非常强烈的印象。这种借势，在大客户营销中经常被使用。

第三种，叫互相借势。

比如，教育领域的好未来，曾参与主办 GES 未来教育大会，专门邀请教育界的大咖做分享。这就是借大咖的势能，凸显自己在行业中的领导地位。

聪明的人，都善于借势，这个方法效果甚好 —— 你用 1 分钟传达信息所得到的信任，可能是不借势的人花 10 ～ 20 分钟才能获得的。

所有的势能都能借吗

并不是所有的势能都可以借，我们一定要讲究一定的分寸。

借对了势能，便能乘风破浪；借错了势能，犹如逆水行舟。为了不让你在借势上走弯路，我指出两种错误的方式，希望你引以为戒。

第一种，信息虚假。这是最大的忌讳，借势一定要基于事实。

之前，我做英语领域的一些课程时，了解到 APEC 未来之声平台 [①] 后，就找到了组委会，向他们推荐了我们的平台和老师团队，表明希望可以成为志愿者的免费英语培训平台。

经过组委会层层筛选，趣课多如愿成了志愿者培训平台，

---

① APEC 未来之声平台：APEC 正式框架下，促进 APEC 各成员青年代表，与 APEC 政商界领袖正面交流的官方青年平台。

并且确定了三位英语老师作为教练。

当时，官方组委会发了一条微博，我把微博内容截图，放在了各种宣传物料里。

在这个过程中，平台是真实的，老师的水平是真实的，我的想法是真实的，官方组委会的宣传也是真实的。这就是基于事实的借势。

如果你以虚假的信息去借势，被发现后，人设会迅速崩塌。

比如，你不符合福布斯 U30 的要求，但你通过提供虚假信息进入了这个榜单。知道这件事情的人越多，你就越容易暴露。一旦彻底暴露，你就会给别人留下骗子的印象。

第二种，强行借势。有些势能不能借。

借势，无处不在，但借对势能的前提是让自己与要借的势能产生一种合乎逻辑的关系。

为什么我能和福布斯合作，做创新企业家？ 我是一名创新企业家，这种合作符合我的身份；我的资产达到要求，符合相关标准；同时，我还帮助了很多创新企业家。这个势能对我来说就是合乎逻辑的，是可以借的。

如果你对一个行业从来不了解，也没有从事过，想要借助势能，就有点强行借势的意思了，很难借到。如果没有借好，你的行为还容易被判定为欺骗。

比如，你是做教育领域的，想要借助半导体技术领域的势能，这就很难借到。

懂借势、懂得巧用资源放大自己优势的人，其发展速度往往会几倍于那些自己单打独斗的人。

这是借势思维，也叫杠杆思维，又叫四两拨千斤，名字不重要，关键是会用技巧。

怎么达到四两可拨千斤的效果

最简单易学的一种借势方式是站在对方的立场上，理解对方的认知，理解对方接纳信息的密度和高度，然后从对方所熟知的词汇出发，以对方能够接受的方式传递内容。

同样是教哲学的两位老师，一位老师始终用晦涩难懂的专业词汇传递知识，同学们理解起来就会很难，上课时不太可能有激情；另一位老师，能够以生活中的例子以及生活中的现象，将难以理解的专业知识变成生活中随时可用的概念，因此广受学生欢迎。

刚开始做创始人 IP 时，我的定位是青年操盘手，我在这方面做得不是很到位。

当时，为了做好创始人 IP，我花了很多的心思和精力，一直在圈子里深耕，思考偏深。我和行业内专家聊天时，基本能够同频，但和一般客户聊天时，就显得有点费力了，因为对于太专业的内容，他们理解起来有点困难。

后来，我意识到，要想养成借势思维，一定要学着从别人的角度思考和回答问题，要用别人心中已有的概念去表达，去传递观念。这一点，我还在学习中。

养成借势思维后，如何让借势发挥最大的效果？

做好最基础也最关键的工作 —— 精心准备，精心梳理，加上反复练习。

这好比演讲，没有人天生是演说家，也没有人能不经锻炼就在任何场合都应对自如。

演讲，一边演一边讲。一场完美的演讲，看似不需要任何准备，实际上，演讲人已经把内容打磨了十几遍甚至上百遍了。

比如，我在私域拿到的结果是，从 300 个好友到 3000 万人的私域资产，这就是我精心梳理、反复打磨后的结果。

你可以直接感受到，我在私域摸爬滚打了 7 年，实现了上万倍的裂变。

准备工作做充分之后，我们就要找不同的场合反复练习，练习得越多，效果可能越好。

我们要达到的效果是，即使用一篇讲了上千遍的稿子，我们每次上台也要像第一次演讲一样，尊重演讲舞台，每次都要拿出最好的状态。

能成功的人，要先知先觉，审时度势，借力打力。

借势思维，是获得成功的重要的能力之一。

他人经验，真的能借吗

你还记得，小时候经常听到的小马过河的故事吗？

一匹小马，被一条小河拦住了去路。老牛告诉它河水很浅，刚到小腿；松鼠告诉它，河水很深，会淹死人。小马犯了愁，不知如何是好。

如果你是这匹小马，想顺利渡过这条河，会听谁的意见？又会如何对待这两种经验之谈？

他人经验如何看

经历过的，方可成为经验。

经验，贵在真实。把亲身经历还原给对方，交由他们自行感悟、各取所需，才是传递经验的最理想状态。

别人的经验，终究是别人的。就像世界上永远没有两片相同的树叶一般，别人的经验、别人的意见，我们只能参考，而不能全盘接受。

如果我是那匹小马，我会把老牛和松鼠的建议当作参考，绝不奉行"拿来主义"，将其直接当成决策依据。

在面对他人经验时，我的态度一般是，先接受再怀疑。核心是，做筛选。

为什么先接受？ 很简单，他们拿到了结果。

为什么要怀疑？ 原因有二。

其一，我无法确定信息的真实可信度。

有些时候人们不可能和盘托出核心方法，在讲述的过程中会有一些调整和加工。

也就是说，他们提供的信息，不一定完全准确。

其二，他们的方法不一定完全适用于我。

比如，十年前，张小龙做成了微信。现在，你参考他的方法，可能意义就不大。

毕竟他的背景、资源、实力甚至时间窗口都与你的不一样，他的方法你怎么能直接拿来就用？

别人的经验，对你来说，不一定完全可靠，你只能将其作为参考。要成功，你还得自己勇敢尝试才行。

通往成功的道路有千万条，并不是每条路都是平坦的。别人的做法，只代表他当时处境下的最佳选择。

他实践的背景固然与你所面临的不一样，但你也可以借鉴他的经验，前提是一定要"打破砂锅问到底"。

他人经验如何用

我听过这样一个问题："我既没有钱，也没有才华，还没有人际关系，是不是就无法成功了？"

的确，一穷二白又没背景的人太多了，想成功真的很难。不过，靠着自己勤劳的双手白手起家的人，也不在少数。

借用金枪大叔的一句话："世界那么大，总有一样东西你可以借。"别人的经验也不例外，是不是一条捷径，只有试试才知道。

刚创业时，我是一个不被投资人看好的普通创业者，没钱，没背景，没人际关系，还没有相应的工作经验。

我当时的处境很艰难，这些都是事实，我也没有办法改变过去，我应该怎么办？

我想，最快速的解决方法应该是，在社会这所大学里，深度、快速、有效地向更高圈层、更优秀、更有能力的"三好学生"学习。

学什么？学经验，学方法。

2014 年，我看到很多人在做互联网创业，便很好奇地问一位学长："互联网创业究竟有哪些优势，能吸引这么多人？"

学长耐心地解答道，相对于其他行业，互联网的边际成本极低，很有可能第一个月的用户数是 100 万，第二个月的用户数就是 1000 万，第三个月的用户数有可能达到 1 亿。

关键是，用户数量翻 10 倍，公司的团队规模却无须等量扩大，唯一会增加的成本是服务器成本，但只有一点点。

这种低成本却能带来产值爆发式增长的行业，是创业者极其青睐的。

当时我对互联网的了解不多，但它的红利还没有完全消退，因此对当年的我而言，这是一条有极高价值的经验。

于是，我瞄准了一个方向，将所有创业集中在互联网或者移动互联网领域。

同年，我获取了另一条高价值的经验 —— 做公众号。

在贸大校友创业与投资群里，我认识了一位老师，他对我说："你现在如果有足够的资金，不要炒股，也不要做投资，应该做公众号。"

他和我分享了他的公众号"贸小豆"拿到的结果：一个下午就有 5000 人关注。因此，我借鉴了他的经验，在 2014 年开始做公众号，半年时间涨粉 50 万个。

提起转行做 IP，我也要从他人的一条经验讲起。

2020 年，我还在做操盘手时，每天都能看到身边的朋友发朋友圈、直播。我就想：他们为什么要做这些事情？我现在的业务还能不能有长足的发展？

我决定向他们"取经"。获得一些信息后我发现，操盘手没有核心壁垒，其价值会随着红利的变化而变化。IP 就不一样了，其带来的信任资产是可以长期存在的。

想清楚这些底层逻辑后，我决定不再做别人的操盘手，开始了以 1 年、3 年乃至 5 年为周期的 IP 之路。

我相信，总有一天，经过刻意练习，我能像当年从默默无闻的公司职员变成互联网资深操盘手一样，从素人变成资深 IP。

这些就是我借鉴他人经验，不断践行，最终实现了人生重大转变的经历。

每个人的时间都是有限的，因此与其自己摸着石头过河，不如借鉴别人的经验，这样不仅风险系数低，效能高，还能让自己少走很多弯路。

要借他人的经验，强化自己的本事，有一个前提，是你能善用自身的优势，并将他人的经验融会贯通，否则只能拖累自己。

他人经验如何选

当下，各种方法论层出不穷，很多人在其中挑花了眼，不知道哪条经验是有用的，想尝试又怕出错。

我的观点是，你在寻求经验的过程中，不要每天想着找到一些新的方法论，而要明白经验在你心中的位置，明白哪些经验要放在最底层，驱动每天、每周、每月、每年甚至未来 10 年的生活。

为此，我还专门发过一条朋友圈，收获许多人的点赞认可。

这类底层经验才是最根本的，也是我们最需要找到的，也许我们掌握一两条就足够了。

1997 年，亚马逊在纳斯达克上市。从这一年开始，贝索斯每年会给股东写一封信。这一写，就是 24 年。

贝索斯在多年给股东的信里都会重复一句话，这是他没有变化过的一条底层经验。

贝索斯说："我们相信，衡量我们是否成功的一个最基本的标准，就在于我们是否为股东创造了长期价值 …… 我们将继续毫无保留地专注于用户至上的理念。"

自此，"一切以长期价值为中心""专注于用户至上的理念"，成了贝索斯在面临很多商业选择时必须坚持的信条。

2005 年，亚马逊推出 79 美元的 Prime 会员，为会员提供两日免费送达服务。

这一举措，与企业的短期利益相悖。会员买的东西越多，送货成本越高，亚马逊的利润越低。

很多公司在面临这种选择时，都会选择短期利益，拒绝提供免费送达服务。贝索斯却坚持"用户至上"的信条，认为只要是对客户好，能够带来长期价值的事，就值得做。

还有一个例子，在社区团购的"千团大战"中，美团也做出了一个颠覆性的决策。

当时，行业内有一条不成文的规定：用户购买了 99 元的线下门店团购体验券，如果未在规定的期限内消费，平台不退钱。

靠着这笔收入，整个行业每个月大概会有 1000 万元的现金流。因此，大部分的从业者对此会选择"睁一只眼闭一只眼"。

唯独美团没有这样做，它坚持以客户为中心，选择牺牲短期价值，以获取长期价值，成了行业里第一个"过期后无理由免费退款"，甚至主动把钱退还给对应账户的平台。

这才是不变的底层经验，是真正值得践行的价值原则，能够指引个人、企业走得更好、走得更远。

底层之上就是术的层面。这一层会不断变化，大概半年到一年变化一次。

比如，内容形式，我们可以半年或一年换一次；工作重心，我们可以半年到一年变一次。

术的上一层，就是打法，这一层就变化多端了。

比如，内容选题每天都会变，直播间背景、形式也一直会调整、优化。

总而言之，他人的经验不是不能用，而是要有选择地用；在选择之上，我们还要根据重要程度对经验做出排序，建立属于自己的核心体系，坚信一些不能变的理念并长期坚持，再不断根据情况，对术和打法进行调整。

如何筛选高价值人际关系

人际关系，是每个人取得成功的重要因素之一。

有人说，只有人际关系越丰富，路才能越走越宽，以至于很多人相信，认识的人越多，成功的可能性越大。

于是，有些人开始混迹于各种圈层，拼命与一些高圈层的人建立联系。可是，到了关键时刻，在关键的事情上，这些人际关系却没有发挥应有的作用。

在我看来，出现这种情况的原因是他们对人际关系没有清晰的概念，认为人等于人际关系，在关键时刻人际关系就应该有用。

高价值人际关系是筛出来的

如何判定人际关系是不是高价值的？

我认为，以财富、权力的拥有度为标准，是对高价值人际关系的一种误解。

真正的高价值人际关系，应该跟你的"目标"相关，能够助力你实现目标。

如何筛选出高价值人际关系，找到自己想要的人？此处分享我经常用的筛选逻辑，希望能够帮助你。

在一般情况下，我会从三方面进行筛选。

第一方面，对我来说，对方是否有价值；第二方面，对方自身是否有价值；第三方面，反观自身能否做到以上两方面。

你要先考虑，对方能不能给你提供价值，能不能帮你提升价值，如果能，那你就可以去结识他。

注意，再次强调，这里的价值，应该更多地结合本书最开始的向"上"社交的理念来理解，也就是跟你的"目标"是否匹配，是否有价值，是否有帮助。

如果对你来说，对方价值不高，但他本身的价值能在其他方面体现，甚至他能创造价值，那这个人也具有高价值。

如果以上两个方面对方都做到了，那就要看第三个方面：你自己是否有价值，你对对方是否有价值。如果有，你们之间很容易产生"火花"；如果没有，那你还需要继续提升自己。

刚毕业的那一年，我用这样的方式找到了自己想要的合伙人。

当时，他还是一名大一新生，初出茅庐，没有经验，没有财力，更没有权力，但我认定，他就是我的高价值人际关系。

原因很简单，他有很强的底层驱动力，做了我一直想做但没有做的事情——在母校建立校园线上超市"贸大 V 超"。

于是，我主动在后台给他留言："我是 ××，非常看好你，能不能加个微信？"加上微信之后，我对他的胆识、思维和行动力表达了认可。后来，他加入了我的团队，与我一起创业。

再次强调，对高价值人际关系的正确理解，不是简单的对财富和权力多少的评判，而是对对方跟你的目标的匹配程度的判断。选出高价值人际关系后，我们实现目标就会事半功倍。

如何筛选高价值客户

前面讲了高价值人际关系，这里讲一讲高价值客户。

这两个概念有本质差异。高价值人际关系与你的目标相关。而客户在本质上，是向你付费购买产品或服务的人，因此我们对高价值客户的理解应该更直接：能够向你付高客单价的人。

如果，你采用面向大众的商业模式，客单价比较低，应该怎么将之转化为高客单，找到高价值的客户？我有一个非常值得参考借鉴的小技巧。

之前，做英语培训的时候，我做的是 99 元的低客单产品。

为了吸引高价值客户，我开始售卖比较贵的英语课程，也就是价格 1 万元或 2 万元的外教一对一课程。

我以为这能够吸引高价值客户，但并没有，反而吸引了一批有强需求的用户，如普通白领、大学生等。

不达目的不罢休，为了吸引更多高价值客户，我一直在调整自己的模式。

某一天，我看到一条评论："我是某公司的 HR，公司有学习要求，团购价格能不能优惠一些？"

这条内容立刻启发了我。团购，确实是一条可行的路子。我迅速和团队说："不要再做一对一的重交付产品了，既不赚钱又很累，咱们调转船头做交付轻、收益高的企业团购订单。"

很快，我推出了企业团购订单并制作了相关的海报："如果你们公司有英语培训的需求，有团购的需求，只要一次性满 50 人，就能以 5 折的价格团购我们的课程。"我将海报放在了 App 首页。

为什么团购这种模式交付轻且收益高？

1 万个客户中，符合我们要求的可能也就 50 个或 100 个，但是每个人可能带来 100 个甚至 200 个订单，这种裂变效应是极强的。

同时，我们的交付也极其简单，只是开 50 个账号而已。

也就是说，符合这一类特征的人，能让我们在不增加履约成本、不增加产品潜力的情况下新增几百万元的收入。

如果是线下门店，想要识别出高价值人际关系，就不太适合用这种方式。

一般来说，你的高价值人际关系就在身边的客群里，尤其是有其他门店的老板，这一类客户是价值更高的高价值人际关系。

假如，你是少儿钢琴培训机构的老板，你的客户中有美容院老板、少儿口才培训机构负责人、高端健身房店主，那他们就是你的高价值人际关系。你们可以互换资源和流量，在客户之间推广。

这是一个非常简单的、提升成交总额（GMV）、提升利润的方法。

以上方法，能够帮助你筛选出高价值人际关系，那如何激活高价值人际关系呢？

激活高价值人际关系靠什么

想激活社交关系，一靠内容，二靠产品。激活高价值人际关系的方法也一样。

内容，能让对方知道你，但这并不意味着你们之间会建立关系，也不意味着你们会有进一步的合作，关键点还在于输出表达。

产品的本质是合作方案，是一种批量的社交合作方案。

之前，我们公司旗下有一个很重要的产品。这个产品项目的合伙人就是我靠自己的输出和表达找到的。

合作开始前，我写了一篇公开招募信，大致内容如下。

我是贸大的校友，现在是一名创业者，和某位贸大在校生合作过，取得了一定成绩。

现在，我想做更多的项目，但是缺人手，需要想要创业的青年加入。

加入我们公司的好处是，有平台、有资金、有资源、有启动流量。我需要你做的是，提供想法、提供人力、提供底层驱动力。欢迎优秀的学弟学妹加入。

写完这篇文章后，我找到一位学弟，请他帮忙转发了文章。文章发出去后，有十多个人加了我的好友。和每个人聊了一遍后，我在内心中暂时选定了一个人。

他想做一个正念类项目，并且写好了方案和想法让我参考。看了他的方案和想法，我感觉引导语很不错，就直接找人录音了。大家听完后，也觉得引导语让自己的身心得到了放松。

我觉得这个产品有价值，跟他商量好分成比例后，我们很快就开始推进了。事实证明，这个产品很有市场潜力，最高月销量达几百万元。

正是他在正念方面的天赋和相应的认知，帮助我们顺利推进了项目。

从这件事中我意识到，想找到目标一致的合作者，最重要的是明确表达自己的想法，要介绍自己的身份和目的、对合作者的要求及其原因，以及合作的方式、合作后的效果等，内容越详细越好，态度越真诚越好。

关于高价值人际关系的激活，我希望你记住以下四点。

第一，在对方心目中有存在感，和对方有更多连接。要做到这一点，主要靠内容输出。

第二，最好、最快地达成合作的方式就是真诚且直接，合作方案里要体现换位思考。

第三，互动是激活高价值人际关系、实现裂变的方法。

第四，要实现裂变，商业模式是第一位的，其次是私域运营。

如果想学习更多管理大客户、让大客户裂变的技巧，欢迎关注我的公众号：私域肖厂长，并围观我的朋友圈。

私域肖厂长

如何让你的贵人成为社交杠杆

一个人的成功，离不开贵人相助。

贵人，不一定是你最好的朋友，也不一定是你朝夕相处的家人，而很可能是一个能为你指点迷津、敢于批评你、雪中送炭、充满正能量、有眼光的人。

人在一生中能够遇到贵人，是一种幸运，是一种幸福。下面，我盘点一下这些年来我遇到的那些贵人。

我遇到的那些贵人

人生不怕迷茫，怕的是没有人为你指点迷津。

跨过迷茫期，我们可能会迎来阳关大道；跨不过去，我们可能会深陷其中，看不到出路。

此时，如果有贵人点拨一下，我们或许会豁然开朗，少走许多的弯路。

很庆幸，我在大学阶段遇到了一位可靠的师兄和一位专业的师姐，他们让我的人生变得更开阔了。

　　我的这位师兄让我进入了国际学生组织，并让我成了组织中的"一把手"。我因此获得了一些免费出国的机会，开阔了眼界，看到了世界的多姿多彩。

　　除此之外，他还为我引荐了一位非常低调的微软前高管，这相当于帮我建立了一段高价值人际关系，这位高管也是我创业路上的启蒙老师。

　　每当我有一些自以为很厉害的创业想法时，我都会主动寻求他的意见，但他经常浇灭我的希望。让我记忆深刻的是，当时雾霾严重，我认为做"口罩社交"应该很有前景，于是很激动地与他分享了我的想法，但是被他直接否定了。

　　虽然这让我有点伤心，但他详细分析了缘由，我也欣然接受了他的意见。正是这样的多次交流和探讨，才让我对创业有了更加深刻的认识。

　　我的这位师姐，眼界很开阔，能力很强，喜欢把事情做到极致。她引荐我进入了学校组织的最核心圈层，让我接触了对我至关重要的学校组织中的关键人物，并且支持我成立多媒体中心。

　　毕业之后，我遇到的贵人更多了。通过与他们的接触，我变得更加强大了。

　　我以前的一位上级，在得知我想离职创业后，不仅没有反对，还尽可能为我提供了一些工作上的便利。

此外，我还遇到了一些贵人，他们帮我实现了重大认知迭代。

还有一类贵人也非常值得感谢，那就是我的同行对手，他们是我成长的动力。

适度专业吸引客户，过度专业吸引对手。同行之间必然存在竞争，是他们不断创新，不断改进商业模式和产品细节，才让我有了更强烈的危机感，我因此才能不断进步，实现快速成长。

遇到他们是我的福气，因此我很珍惜与他们的关系，有时会邀约这些导师和贵人，定期和他们联系，既分享我的成功，也畅谈我的心得和困扰。这，是长期维护人际关系的重要一步。

记得与贵人常联系

在很多人的观念里，维护人际关系需要送一些高价值、高价格的礼物，成本很高，导致他们往往只能默默说一句"钱包不允许"，继而忽视这项重要工作。

实际上，虽然进行高成本的维护很好，但是在我看来，最好的维护是低价格、高价值感的，是充分体现自己的用心、真心的。我们可以采取以下五种方式。

第一，发消息一定要用心，不要群发。当下，社交媒体的快速发展确实提升了社交效率，祝福消息都不需要一一编辑了，编辑好一条消息之后，我们一键转发就可以了。

不过，群发的消息是没有感情的，是不够用心的，也是能够被发现的。我的原则是，要么不发，要发就发一段精心编辑的消息。

第二，在特殊的日子送上一份特殊的礼物。比如，教师节时准备一份别出心裁的礼品，或者在对方过生日时准备一份精美的礼物。

第三，赠送一些有个人特色的礼物。

比如，我举办活动时，会给他人发消息，让他们参与；出新书后，我也常常会将书赠送他人。如果你们从事特定的职业，也可以赠送与职业相关的一些价格低但价值感高的礼物。

第四，在适当的时候，不带任何目的地、单纯地和对方吃饭、聊天。

我有较多的空闲时间时，就会约帮助过我的人一起吃饭，聊聊天，叙叙旧。

如果你初出茅庐，社会经验不足，薪资水平不高，那你就先采取这四种方式维护与贵人的人际关系。如果你小有成就，或者希望让关系更进一步，那你可以尝试第五种方式。

第五，每年邀请贵人参与私人晚宴。这是系统经营关系的一种方式，相当于用自己的信任背书，让贵人相互认识。目前，我还没有尝试使用过这种方式，但我身边朋友经常使用这一方式维护关系，据说效果不错。

每个人心里都有一个情感账户，今天存一点"钱"，明天存一点"钱"，慢慢地这个账户里的"积蓄"就多了。等你有需要的时候，这些"积蓄"就可以起到关键性作用。

维护与贵人的关系也是如此，我们不能有"今天吃饭，明天办大事"的心理，一定要细水长流，用心维护和经营。

让贵人介绍贵人

如果你已经与贵人有了长期连接，那如何借助贵人的强大力量，扩展自己的人际关系？

良好的人际关系，建立在你来我往之中，双方必须一个"给"，一个"讨"。

以下是我的做法，我凭借这些做法快速跨入了新的圈层，少走了很多弯路。

第一，自己有价值，并且为对方提供价值。

2022 年 3 月 1 日，小而美创富圈发布，我邀请了 500 位大咖站台，并把他们的头像和名字放到了购买页面进行展示。

为了感谢他们，我建立了两个群，把这些大咖都拉了进去，让他们彼此认识。声明一下，群内资源全部来自我的各种私董会、各种圈层，运营工作三天就结束了。

我借助了贵人的力量，实现了小而美创富圈的顺利发布。与此同时，我也为我的贵人提供了价值，为他们介绍了很多贵人。

第二，敢于偶尔跟对方提一些合理的诉求。

有一个很古老的故事：有一家人遇到了困难，家里的两个儿子提出向一位银行家求助。

他们的理由是，当年，银行家在父亲的大力帮助下发家致富了。父亲却说："不，应该向一位木材商求救。当年，自己就是在他的帮助下，才挣下了这份家业。"

结果，大儿子向银行家求助，遭到了拒绝；小儿子投奔了木材商，得到了帮助。

这就是人际交往的"富兰克林效应"。与被你帮助过的人相比，帮助过你的人，会更愿意再帮你一次。

换句话说，让别人帮助你的最好方法，不是去帮助他们，而是让他们来帮助你。

说一千道一万，最重要的一点：让你自己足够有价值，能为别人创造价值，配得上别人的帮助，不辜负别人对你的信任，并对帮助过你的人心存感恩。这样，你的路才会越走越宽。

向"上"社交，助你平步青云

向"上"社交为什么让人觉得"难"

　　作为一名连续创业者，我也管理过上百名员工，我发现了一个社交习惯：一些员工更喜欢进行平行社交，而不喜欢和上级或比自己优秀的人进行向"上"社交。

　　我曾对这一现象进行分析。一方面，生活让他们更容易与自己周围的人产生更多的交集，因此他们会局限在一定范围内，并形成社交的舒适区。

　　另一方面，在平行社交中，人与人之间是相对平等的，这会增加自信，且不会让人感到有压力。

　　但是，向"上"社交，大概率意味着对方比自己优秀，要想快速跟对方熟悉起来，在社交时会很有压力。

　　比如，一些员工在公司和同事相处得很融洽，有聊不完的共同话题，可一旦到了公司聚会、公司团建等一些有老板在的场合，他们就变得沉默不语了，喜欢安静地在座位上吃饭或做倾听者。

他们认为，像老板那么优秀的人，喜欢的应该都是高层次的话题，如果自己讲的话得不到老板的认同，那自己还不如不开口。

有些人之所以不敢向"上"社交，是因为他们对自己没有自信，也就没有勇气进行互动。

打败恐惧的最好的方法是，给自己设定一个目标，并且努力实现它。

大部分人觉得向"上"社交难的最大原因，就是缺乏清晰而强大的目标感。

目标感为什么这么重要

为什么很多人创业拿不到结果？普通人和持续成功的创业者，最大的区别是什么？

持续成功的创业者有很多共同特质，我自己总结过一个七字诀：想透"做绝"会算账。如果让我找一个最重要、最底层的特质，我认为是目标感。

也就是，你究竟有多想实现你的目标，有些人也称其为心力、愿力、发心。

　　之前有一位做跨境电商的女老板，跟我讲了她的一个让我印象特别深刻的创业细节。

　　她的跨境生意起起伏伏，也经历了好几个阶段，从亚马逊到脸书投放，再到后面做抖音，在第二个阶段做投放的时候，投资回报率（ROI）一直卡在 1.3、1.4。

　　这里我解释一下，她做的是流量转化的生意，在脸书充钱，买广告位展示曝光，然后引导客户点击广告，并一步步下单。ROI 在 1.4 指的是，投放 1 元的广告，最终可以产生 1.4 元的销售额。这个成绩虽然看上去还可以，但是其产品需要做一对一定制，交付成本很高。她核算之后发现，只有当 ROI 到 1.7 的时候，她才能回本。

　　进行过投放的创业者基本都知道，一个好的广告投放需要一直充钱投喂模型，不断优化，加上其他成本，广告投放前期非常烧钱。投放了 3 个月，她已经花费 300 多万元，团队十几个人，每个月虽然有销售额，但是 ROI 一直卡在 1.4，所以每个月她都有几十万元的亏损。当时的她几乎崩溃。

　　为了做到盈亏平衡，她分析了广告素材、模型、销售等所有问题，最后她决定从广告素材下手，研究怎么样把 15 秒、1 分钟的广告优化到极致。

　　为了把这件事情做成，她推掉其他所有事情，坐在剪辑人员身边，从早上到晚上，一帧一帧地优化剪辑画面、音乐，一句一句地优化文案，这一坐就是足足 6 天，每天只优化一条时长不到 1 分钟的广告。最后，她优化了 6 条广告，新版广告投放市场后，ROI 到了 2.8。成功了！

她做的是礼品类电商，在节日前夕，通过投放脸书，其成交金额最高一天近百万元。

她跟我说，在优化素材的这 6 天里，她非常痛苦。团队不够成熟，她只能自己从零开始学习，研究别人的广告素材，整天思考如何表达才能让外国人看懂他们的产品。

普通人在这个时候真的可能就放弃了，支撑她走下去的就是强大的目标感。尽管她对此一窍不通，但她就是有拼尽最后一口气也要实现目标的强大心力。

这，就是普通人和持续成功的创业者的最大区别。

为什么很多人都抱怨无法获得结果？他们真的有强大的目标感、强大的心力吗？他们真的可以为了一件事拼尽全力吗？他们真的会像渴望呼吸一样渴望成功吗？在我看来，99% 的人都做不到这些。

不敢向"上"社交，还可能是因为没被逼到"绝路"

创业之后，我要养活公司，要给员工发工资，而我的钱只够让我生存 12 个月，因此即便我不喜欢社交，不太敢和"大咖"交流，但在公司还不能造血的阶段，我也不得不克服社交恐惧，去向"上"社交，与投资人进行合作。

当你被逼得只能走这条路时，一切恐惧都不复存在了。

有些人在大学毕业之后忘记了学习，没有居安思危的意识，温水煮青蛙一般度过了 22 岁到 35 岁这个阶段；结果因为行业突然变动，或者受经济周期影响，遇到了职场 35 岁危机或者中年危机，这时才追悔不已。

这不是在增加焦虑，而是一些人实实在在经历的情况。

在毕业后工作的前 3 年，我供职的是一家工作很稳定的单位。面对这样的情况，我自己非常焦虑。因为我感觉每天根本学不到东西，能力也得不到培养。我心里想的是，我现在 20 岁出头，如果我只能依靠这家单位活着，那么等到我 40 岁、50 岁时，我就完全没有选择了。

在跟更多同事接触后，我发现，的确是这样。特别是看到一些四五十岁还在单位郁郁不得志但又没有太多能力的老同事的处境后，我的危机感越发强烈了。

这种危机感是我兼职创业的起点，也是我克服恐惧、向"上"社交的起点。

我命由我不由天，与其到中年时期苦恼懊悔，不如在青年时期居安思危。

这句话，送给每一个内心不甘平庸的你。

第七章

高难度沟通很难？
那是你没有掌握对的方法

面对陌生人，我们如何快速破冰

聊天时，你是不是聊天终结者，是不是说话没听众？ 说出口的话是不是总让人误会？

如果你存在这些问题，那就说明你的沟通能力存在问题。沟通，是解决矛盾的一种高效方法。

在这个充满不确定性的时代，我们经常要面对陌生的人、事、物，也许是面对陌生的同事，也许是面对陌生的客户，也许是面对某个需要融入的场景。

掌握快速破冰的技巧，你能更高效地收获机会、收获友谊，成为"破冰达人"。

遇到陌生人就哑口无言怎么办

和陌生人破冰的一个很重要的方法就是让对方多说话。

设想，你今天和相亲对象见面时一直滔滔不绝，对方基本上没有插话的机会，那么你就很难知道对方是否对你感兴趣，也很难了解对方的喜好。

可见，和陌生人破冰的一种方式是，做好双向沟通，而非只进行单向沟通。

每次去一个新的场合时，我都会用提问的方式、以对方关心的话题为切入点，让双方互动起来。

比如："在座的各位有没有这种情况，有产品但不知道怎么卖出去？有没有想在公域获得流量，并且将流量引入私域，沉淀为资产的？有没有想把私域流量变成付费客户，并让他们成为'铁粉'、变成大客户，甚至变成销售代理的？如果有，可以说一说，我能为你解决。"

通过这样的方式，大家很快就能了解我的价值，并且会愿意与我交流，我们自然就从陌生变得熟络了。

不过，采用这种方式时要注意场合。如果你是某个场合的引导者，就可以多讲一些，而且要把控好每个人的感受体验；如果你只是某个场合的参与者，可以等主持人的指示，要避免喧宾夺主。

与陌生人破冰，特别是在商业场合破冰，并不是很难，难的是快速让对方记住你及你的价值，这样的沟通才是有效的。

要做到这一点，我认为，最关键的是有一个非常出彩的"一分钟自我介绍"，这可以让你在有限的时间内，把自己最闪亮、最有特色的内容表达出来。

四个"一句话模板"登场

第一句，响亮的一句话，可以迅速吸引注意力。

用最能让别人惊喜的一句话，把自己"打"出去，让别人马上就能捕捉到你的价值。

"我是私域肖厂长，是一名连续创业者；2020 年最高峰时期，我的公司靠私域一年变现 6 亿元。"

第二句，有差异的一句话，让自己占领他人心中重要的位置。

"虽然，我是一名连续创业者，但和其他创业者不同的是，我既做过操盘手，又做过 IP，而且是一名从幕后操盘手转型到台前 IP 的创业者。"

第三句，真实的一句话，加深他人对你的印象。

可以先用一句话概括自己的身份，而后用一段话对自己的身份进行详细解释。

"我的第一个身份是操盘手，同时，我还做了轻课、潘多拉英语、趣课多等项目。2018 年，项目规模最大、效益最好的时候，有 100 万人同时在 App 中学习，并且有 50 万人把学习记录分享到朋友圈。我的第二个身份是 IP。做操盘手时，我意识到 IP 是未来每个创业者都必备的资产，因此在 2020 年公司营收最高的那一年，我毅然决然从幕后站到了台前。"

第四句，有价值的一句话，叩击对方的心门。

相对而言，这句话要更有吸引力一些。

"你想要学习怎么做私域吗，想要学习怎么做 IP 吗，想要学习怎么做超级个体吗？ 欢迎加我的微信，我送你一份见面礼：做好私域的十大关键 SOP 文档。"

形成这四个"一句话模板"的方法也很简单，就是把很长的一段话拆解成四个小问题，从而震撼别人。

比如，"我是商业 IP 中最懂摄影、摄影师中最懂商业 IP 的人"，这既是响亮的一句话，也是有差异的一句话。

然后，可以详细解释自己和商业 IP 以及摄影师之间的关系；解释清楚后，应该交代价值点："如果想要男生拍照最好看的 50 个姿势、女生拍照最好看的 50 个姿势，欢迎加我的微信"。

响亮的一句话、有差异的一句话、真实的一句话、有价值的一句话，说完大约用时一分钟，这能让别人快速记住你的身份、做的项目、取得的成绩和拥有的价值。

除了这个模板，还有一句话效果也很不错。

比如，当你加上一位 IP 的微信时，哪怕知道这是他的大号，也可以问对方："这是不是你的小号？"

这是很不一样的一句话。在通常情况下，加完微信后，彼此都会先做自我介绍。如果你问这是不是对方的小号，对方一般会回答"不是"。

这时，你可以先表达一下自己的喜悦之情。比如，"像您这样的大 IP，一般来说我只能加到小号，今天终于加到大号了，真的好荣幸"。或者，直接夸赞一番，比如"头像太好看了""您的背景图片很有深意"等。

通过这样的话，你能快速进入对方的世界，了解对方的需求。适时地认可对方或者夸赞对方，甚至会让你发现合作机会。

内向不是"背锅侠"

现在，各种社交软件层出不穷，线上成了社交主阵地。不过，线上社交再频繁，人们也会有面对面沟通的时候。

奇怪的是，很多在线上交流口若悬河、妙语连珠的人，一到线下与人面对面交流时就直接"破功"，场面一度像是按了暂停键，无奈之下他们只能用"我是一个内向的人"做解释。

确实，很多人都有这种情况。那要如何解决？

曾经，有一个段子说，永远不要和一个认知水平不够高的人争辩。他会把你的认知水平拉到他的水平线上，并用他丰富的经验"蹂躏"你，在他的优势地带把你击败。

这对我们有一定的启示：无论在何种场景下，无论聊什么社交话题，想办法把话题拉回到自己的主阵地，拉到自己擅长的领域，尽可能发挥自己的优势，发挥自己的长处，跟大家去交流、去探索。

做私域之后，无论和谁聊天，我一般都会聊到："你现在的商业模式和私域有哪些结合的方面？ 客户有没有沉淀到私域流量里？"

这样的话题不仅会让对方快速记住我，还能让对方认为我属于他的高价值人际关系，并产生想要加微信的冲动，甚至成为我的付费私董。产生这种效果，我就成功了。

毕竟，没有人会拒绝高质量的粉丝，也没有人想错过能够给自己带来价值的人。如此，我就成了一个行走的高级销售，广受欢迎。

虽然与陌生人破冰的方法不止这些，但是你如果掌握了这些方法，那么和陌生人沟通时会更加得心应手。

如何让你的上级成为你的盟友

初入职场，懂得一些方法和技巧，有一些成熟的经验，或者有职场高手带着一起闯荡……这，可能是大多数人脑海中的美好职场生活。不过，理想很丰满，现实很骨感，将理想变为现实的过程往往充满艰辛。其结果也可能是，弯路没少走，学费交了不少，自己吃尽了苦头，却只换来一点点的成绩，自己每天都在焦虑、自责、内耗。

为什么理想和现实之间有时会有这么大的差距？我听过一个答案："因为你没有做好向上管理。"我刚开始听到这个词时也有点疑惑：向上管理？员工还能向上管理？向上管理真的会有用吗？怎么做向上管理？

这一系列疑问暴露了我们的工作常态：上级习惯了管理下级；下级也习惯了被上级管理，习惯了顺从上级。

我觉得，这种观念是时候被打破了。在工作中，做好向上管理很重要。因为，在每天的职场生活中，我们平均有约50%的时间花在与上级沟通上。

向上管理是"拍马屁"吗

向上管理，是对谁进行管理？

最简单的判断方法是，你的上级是谁，向上管理的对象就是谁。但是，"上级"这一定义太模糊了，很难有一个明确的范围。

我认为，任何与你有利益关系的人，只要和你处在谈判不对等的情况下，都是你的上级。

"'向上管理'四个字说起来很轻松，做起来真的好难"，这应该是很多人的心里话。

为什么很多人觉得难？因为很多人把向上管理与"拍马屁"画上了等号。这是一种误区。

向上管理，也可以被理解为向对方提供情绪价值。

"情绪价值"这个词，源于经济学和营销领域。从心理学的角度来看，情绪价值是一个人对他人情绪的影响能力，包含两方面：一方面是对他人的情绪产生共情的能力，另一方面是把自己的积极情绪或消极情绪表达给对方的能力。

比如，你最近在工作中受委屈了，想找个朋友倾诉。对方听完你的诉说后说："你同事做得太过分了。"你说："可不是嘛，气死人了。"这样一来一往，你心里就舒服多了。

这说明，在这个互动过程中，你从朋友那里成功获得了情绪价值，你的委屈被疏解了。

如果，你想找朋友疏解情绪，你的朋友却说："你说这些没用，你为什么不把工作做好，让你的老板无话可说？"你会说："好吧，是这样的。"

然而，这样的对话并没有让你的情绪变好，你反而更加难过了，那么这位朋友就无法为你提供情绪价值。

向上管理的过程也是如此，它相当于员工给老板疏解糟糕的情绪。

举个例子，我见过一位知识类的 MCN 老板，签了 10 位 IP，最厉害的 IP 带来的效益可能占公司营收的 50%、利润的 50%、员工营收的 50%。这就意味着，这位 IP 就是上级。

很多机构想要与这位 IP 签约，但他还是选择继续与原来的老板签约。我问他原因是什么。他说，起初单纯是因为这位老板的专业度，接触时间久了，他又发现这位老板很会提供情绪价值。

的确，为了继续与这位 IP 合作，这位老板也做了很多努力。当这位 IP 心态崩盘的时候，他能提供鼓励；当这位 IP "飘了"的时候，他能给予适当的提醒。这有点像运动员和教练的关系，一个优秀的教练不仅专业过硬，而且能对运动员的心理进行辅导，管理好运动员的预期。

管理好情绪和心态

提供情绪价值的能力很稀缺，很多人都不具备，不只是员工，老板也不一定具备。

在职场中，遇到态度粗暴的上级是普通的事情，很多人都会有点受不了。

在我看来，关键点不在于上级的态度，而在于这件事情的价值和意义。从另一个角度来看，上级合理的指责和批评也是让下属快速成长的一种方式。这有点像我们经常挂在嘴上的"打是亲，骂是爱"。

以前，我是一个很有傲气的人，但在与客户的交往过程中，慢慢被磨出了外圆的性格。

把老板当成客户，客户给你提一些建议，这不是应当的吗？

但是，你也要学会分辨老板是真的关心你，还是在职场PUA①。

原来，PUA一词刚传到国内时，还是代表一种正常的、关于恋爱技巧的培训和方法。但后来，这些技巧被一些别有用心的人用在了骗取感情上。于是，PUA就成了一个臭名昭著、

---

① PUA：Pick-Up Artist 的缩写，指通过精神打压等方式，对另一方进行情感控制。——编者注

人人喊打的做法。

职场上确实也存在着一小部分管理者，要么本身修养欠佳，喜欢利用自己在职权上的便利对下属进行讽刺、挖苦、贬低；要么欠缺管理技巧，总是采取高压手段来管理下属。如果你正面临这种情况，那你就需要留心了。

你会给老板"画饼"[①] 吗

在职场中，升职加薪是每个人的期望，但不是可以随便提的。提得好，事业大步向前；提得不好，可能就直接被老板辞退了。

如果你在一家大公司或者规章制度比较完善的公司，那么你可操作的空间较小。

如果你在一家初创公司，公司升职加薪的制度不完善，你想要升职加薪，就应该先衡量自己的价值以及当前工作创造的价值。

如果你的价值不够高，提升职加薪很可能会让老板对你产生偏见。

如果你的价值足够高，你为公司带来了众所周知的销售额提升，你就可以直接提升职加薪，但是一定要讲究策略，

---

① 画饼：网络用语，指描绘美好未来。——编者注

千万不能太莽撞。

第一，注意时间点。不要刚刚完成一件工作就立马提升职加薪，这有一种逼迫老板的感觉，会让老板很不开心。

第二，做好假设性提问，这一点很关键。这种方法比较适合能直接创造价值的领域。这类似于销售工作中的假设成交法。它是一种销售员假定客户决定购买商品，而展开推销努力的成交法。

比如，"假设我达成 ×× 业绩，公司就把我的工资涨到 ×× 水平。""假设，你学了我的《创业手记》，你会对私域有更加深刻的了解，每一个流量都会成为资产。""假设，你读懂了我的《私域资产》，你的每个客户都能变成高客单客户，而且你的高客单销售能持续很多年。"

说得通俗一点，就是你不仅要接受老板给你"画饼"，也要试着给老板"画饼"，其效果可能很喜人。

以前，我有一些朋友准备创业，但是没有其他资源，就想和我合作。他们经常用的方法就是给我"画饼"。比如，他们会说："在拿到 ×× 项目之后，我想拿 ×× 收入，×× 分成。"听完之后，如果觉得他们说的合理，我就会直接同意和他们合作。

其实，对方以这样的方法和我谈判，我会认为，对方知道我需要估值，关注营收、利润，能站在我的角度考虑问题，同时，我也会认为他是一个负责任、能按时交付的人，很靠谱。

学会向上管理，是职场人的一堂必修课，也是自我的一场重大蜕变。每次都主动一点、每次改变一点点，我们将获得不可估量的回报。

如何处理好与父母的矛盾

家庭是社会的一个缩影，对内是一个相对独立封闭的圈层，对外又是一个命运共同体。

家庭中每天都满载欢声笑语，应该是大家衡量幸福家庭的标准之一，但基本上每个家庭都会出现一些矛盾与争吵。我们该如何智慧地、妥善地处理好这些矛盾与争吵，让生活过得有滋有味，让家庭变得温馨、和睦、幸福？

亲密关系需要有边界吗

问你两个问题："家庭关系真的应该亲密无间吗？我们与父母之间是应该做到无话不谈，还是应该适当保守自己的'秘密'？"

在我看来，家庭成员之间应该有些"距离"，那是给予彼此的空间和自由。也就是说，家庭关系中应该有一些边界。

小时候，父母是我们的"大树"，能为我们遮风挡雨，从他们身上能够获得充足的安全感，我们会很依赖他们。

但成年后，我们好像不喜欢和他们沟通了，总觉得要有自己的私密空间，不希望被过多打扰。

这时，很多父母会感到失望和担心："为什么孩子不和我沟通了，为什么孩子做什么都不告诉我了？"

这是因为，成年后的我们有了边界感，而一些父母往往会打着"为你好"的旗号过多干预我们的生活，以至于出现了矛盾和隔阂。

我们自己要有边界感，而且要把这种边界感传递给父母；对自己可以决定的事情、父母可以决定的事情以及需要大家讨论的事情，做出清晰的划分。

父母的想法也很简单，想让孩子的一生更加顺利，但父母思考问题时容易只从自己的角度出发，不考虑孩子的感受，这就相当于越过了孩子的边界。

如果我们遇到了这种情况，要坚定地告诉父母，再亲密的关系也要有边界，否则彼此都会难受。

我的原生家庭还是很幸福的，父母是教师，家庭意识很强，生活水平算是小康，周围人对我们家的评价是"母亲是漂亮的，儿子是优秀的，父亲是成功的"，我们成了"别人家的孩子、父母、完美家庭"。

不过，每个家庭或多或少都会出现一些小问题。对我来说，父母有比较强的控制欲，会认为子女要按照父母的意志生活。

我却天生是一个有自己的主见和想法而且喜欢自由的人，想按照自己的意志、自己的选择生活。

上大学后，我非常独立自主，十分想走出一条属于自己的人生道路，不想成为父母意志的延伸。

我刚创业时，父母极力反对，甚至一度向我施加压力。比如，我妈妈茶不思饭不想，整天郁郁寡欢，心里很难受。

我也能理解他们的想法：创业可能意味着我会失业，会成为社会上的闲散人员。

创业对当时的我来说很有挑战。一方面，我要实现自己的目标；另一方面，我要兼顾亲人的想法、状态。

你真的会和父母沟通吗

在创业这件事情上，我始终坚持一个观点，不试图去改变父母的观念，只让他们接受事实，并且让他们不再为我过度担忧，仅此而已。

在这种情况下，沟通过程很重要，但也很让人煎熬，我要制定一些策略。

第一步，放平心态，勇敢说出自己的想法。

当时，我能想到的最好的方式是心平气和地沟通。不过，我没有直接和他们打电话或见面沟通，而是把前因后果写成文字，发到了家庭群里。

"现在，我23岁了，如果我在30岁左右有了家庭，可能这一辈子我只能再无顾虑地奋斗7年或8年，这并不是我想要的生活，我不想再'虚度光阴'了。

"在当下这么好的人生阶段，过分悠闲的生活，让我感到了人生的无趣、重复。我是一个追求生命价值的人，想让自己创造更多的价值，而不是按照父母的意志度过一生。"

看到我写的内容后，我父亲强烈地认为，我受到了大城市思想的严重"毒害"。

一个人的见识和志向，的确会受到环境的影响。我记得，在我初二的时候，因为一次机遇，第一次到北京，参观了清华大学和北京大学的校园，欣赏了大城市的美丽。从此，我心底埋下种子，未来一定要到北京读大学。

16岁那年，我以全校第一的高考成绩，考到北京的对外经济贸易大学。在这里，我的思想和观念确实发生了很大的改变。

不可否认，我创业的想法与这些经历有很大的关系，但这不是一件坏事，这证明我一直在与时俱进，不断更新自己，让自己更有价值。

通过这样的方式，我让父母知道了，我内心深处最真实的想法 —— 做自己想做的事情。

第二步，说出自己为了实现目标所制订的计划、所做的努力以及得到的结果。

父母的阻拦还有一层原因，他们认为，创业失败的概率远远高于成功的概率。家里并没有创业相应的资源，失败不是注定的吗？ 这是他们一致的结论。

我要告诉他们的是，创业的结果并不确定，还是个未知数，而且我做了很多努力。

"我并不是一个创业小白，这也不是一次心血来潮，更不是好高骛远。我积累了一定的经验，而且确定了方向，还拿到了结果 —— 拿到了 100 万元的投资，找到了靠谱的合伙人，组成了一个团队，累积了 50 万的公众号粉丝。

"虽然，我还没有跑通变现，但这些钱足够我在北京生存两年。你们真的不要担心我会失败，也不要怕我会'流浪街头'，我能保证最基本的生存，且不给你们增加经济负担。"

第三步，有理有据地权衡利弊。

多次沟通无果后，我决定换个方向 —— 算"利弊账单"试一试。

我对父母说，如果创业成功，我将收获高价值人际关系、响当当的企业家名号、数额巨大的收入……

如果创业失败，我只不过是暂时没有了经济来源，但以我的能力，我还能在北京找到一份很好的工作，可以养活自己，绝不会成为一名社会闲散人员。

做了这么多沟通工作，他们也慢慢接受了现实 —— 尽管他们还是很担心我。

后来的一次谈话彻底扭转了他们对我创业的看法。有一次我父母来北京看我，在和我的朋友聊天的过程中，我父母问他："在江西老家，像肖逸群这样创业的男生，大家都不愿意接触，你为什么会和他做朋友？"

我朋友回答："在大城市，真正厉害的人都会选择创业，这也是我很欣赏他的地方。"瞬间，我的父母理解了我的选择，并开始在背后默默支持我。

我们在一生中，的确会遇到很多问题，但不要害怕，要看到问题，勇敢面对，再坦荡地坚持做自己。

送一个"彩蛋"

说到亲密关系，就不能不提情侣。但是，很多优质青年宁可选择单身，也不谈恋爱。

我想过深层次的原因：其一，个人独立意识增强，尤其是女性；其二，佳偶难得，理想对象不太好找。

每次问一些没有对象的朋友"你的择偶标准是什么"时，他们总是哑口无言，只能淡淡地说出一句"看感觉"。

如果你也有这一困惑，可以参考我的择偶标准。

始于颜值：并不是单指长得很好看，还包括一个人的衣着、身材、言谈举止、精神气质等。

陷于才华：很多人觉得，这有些强人所难。在传统观念中，才华往往和写作、音乐、绘画等艺术技能联系在一起，这是一种狭义理解。我认为，幽默、口才好、思维缜密、交际能力强等，也算才华。

忠于人品：这是为人处事的底线和原则，不能做事无底线、无原则，也不能做出超越法律、道德底线的行动。

要注意，颜值和才华是为人品锦上添花的，一旦人品不过关，其他两项标准都像包裹着毒药的糖纸，美丽但无用，甚至显得邪恶。

破裂和背叛的关系，该如何对待

在现代社会中，我们与他人建立关系的方式越来越多样化。我们可以通过网络和其他各种渠道结识新朋友。

在关系中的每个阶段，我们都需要不断经营和维护。有时即使我们尽了最大的努力，关系也可能出现问题并走向破裂。

如果你面临着这样的情况，不要失去信心。下面的内容可以帮助你更好地对待一段破裂的关系。

谁在职场中没为"不可能三角"哭过

拼死拼活，却一直没拿到高薪？ 没有功劳也有苦劳，如果真的实现不了，那你就离开了 —— 关系破裂。

为什么职场中经常出现这样的情况？ 这是你的工作的"不可能三角"在作祟。

你可能对"不可能三角"比较陌生，这个理论来自经济学。具体意思是，一个国家不可能同时实现这三个目标：资本流动自由、货币政策独立性、汇率稳定。

这个理论很拗口，你不用理解它，只需要知道：某些事情有三个重点，你最多只能得到两个，不可能三个同时都得到。

工作中也存在这样的"不可能三角"，是指忠诚度高、能力强、薪资不高。

如果，你能认识到"不可能三角"的存在，愤懑或者抑郁的情绪会得到一定程度的疗愈。

举个简单的例子，如果一名员工能力很强，但老板给的薪资太低，那他大概率不会一直忠诚于这位老板。如果一名员工很忠诚，能接受较低的薪资，那他的能力可能就不太强。

之前，我们和一些优秀的英语老师签了 200 万元的保底合约，工作一个月之后，有一位老师被其他机构用 300 万元挖走了，并且对方愿意赔偿我们 200 万元。后来，我们花 600 万元又把这位老师挖了回来。

这就是"不可能三角"，这位老师能力强，薪资也不够高，在其他机构的诱惑下就离开了。

正如俗语所说，"一个巴掌拍不响"。一段关系的破裂，原因并不只来自某一个人，我们往往会出于人性的弱点做出退让或妥协，但有时，这会适得其反，让我们把不该挽回的关系强力挽回了，把不该放走的人放走了。

该挽回的就挽回

关于是否应该挽回破裂的关系，我一般会从三个角度考虑。

第一，价值观不一致，那么关系破裂了我也不会感到可惜，没必要挽回。

比如，选择工作的时候，在进入职场的第一年、第二年，你的价值观是选择好的行业，选择好的上级进行学习，让自己快速成长。到了第五年，你的价值观是实现高薪资，如果薪资达不到你理想的要求，那你可能就会离开了。

对于这种情况，如果员工和老板的价值观不一致，员工就算走了，老板也不会太在意，那么最好还是不要挽留的好。

第二，如果问题的根源不在价值观而在方向上，挽回倒不如相互成全。

比如，你想要做 A 行业，对方想要做 B 行业，这时相濡以沫倒不如相忘于江湖。

第三，如果矛盾点来自利益，那需要自己做出判断，主要看自己能不能给出更多的利益，以及对方是否真的值得自己给出更多的利益。

这个时候，主动权就在你手里，稍微让一让，对方可能就会回来。

就像前文中我举的英语老师的例子一样，他因为 200 万元被人挖走，我花 600 万元又把他请回来，其实对方也想与我合作，只不过双方在薪酬方面的考虑不同而已。我愿意付出更多的利益，因为对方值得我付出。

别总沉浸在情绪里，这不是一个好状态

作为一名连续创业者，员工单干、和其他机构签约、关系破裂的种种情况我都经历过。每次，我基本上都是被通知的人，在那一刻我还是很难受的。

不过，时间确实是一剂良药，慢慢让我看开了很多。

那我们该如何处理破裂的关系，不让自己深陷其中？

不要总是把自己放在受害者的位置上。

发生这样的情况后，很多人喜欢指责对方，总是说"我对你那么好，你为什么出走，为什么单干"，感觉自己才是受到伤害的那一个。

这是非常不可取的归因方式，把自己当作关系中的弱者，认为自己需要被体谅被关心，错误都是别人的。

千万不要一直这样想，尝试着跳出受害者的角色，再去

想问题，结果可能就不一样了。

与其沉浸在痛苦中，不如向内求，找原因。

一般来说，如闹僵、背叛这样的关系破裂，是很常见的，其背后往往也是有原因的。

关系的破裂从来都不是一蹴而就的，其过程更像火山爆发：前期，问题一点点积攒，等到某个时机，"压死骆驼的最后一根稻草"出现，问题就爆发了。

不过，你可能只看到了爆发这一结果，而没有想过爆发的原因会不会跟你有关。

在我看来，关系破裂的底层原因一定是趋利避害，也就是讨厌痛苦、想要美好的念头占据了上风。

每次发生这样的情况后，与其沉浸在痛苦之中，不如向内求，从自己身上查找、分析原因，实事求是地分析和对待自己在这段关系上的责任，不推诿、不放大。

对的就坚持，错的就改正；特别是对自己的缺点、错误和失误，不要得过且过、纵容和放松警惕。

让自己保持冷静，确保自己理智地思考问题，客观、实际地做出决定。

太多的情绪只会让你失去再次谈判的可能性，并失去已有的其他人。

学会"允许自己"，允许一些无法实现的情况出现。

人生来就不是孤立的，有时候我们需要的就是一个肩膀和拥抱。

面对破裂的关系，我们要学着"允许自己"，允许自己适当发泄情绪，允许自己不是一个高人，允许自己无法处理好所有关系。

只有这样，我们才能放过自己，才能更快地走出痛苦。

找到适合自己的调整方式。

人生，就是不断地遇见和重逢，我们一定不能沉迷于某种破裂的关系。往前看，世界会更开阔。每个人都可以找到一种属于自己的、适合自己的调整方式。

我每次遇到打击后，常规操作是，一个人在夜里出去转转，开车也好，走路也好，在路上做一些思考，与自己的内心进行对话。

当我看着车水马龙的大街时，有一种看剧时会产生的切换到另一个篇章、另一个世界的感觉。而这次打击，也会随之翻篇。

或者，你也可以独自旅行、安静阅读、和朋友倾诉、大哭一场 …… 只要是能够让情绪变好的、能够疗愈你的方式，都可以尝试。

　　一段关系的破裂，不仅仅代表关系的结束，也可能代表一种开始。

　　我希望你能知道，对于所有不能控制的事情，要学着理解并接受，虽然接受的过程可能伴随着内心的撕裂和痛苦；但如果能快速接受并且找到应对的方案，那就是人生的另一种成功。

高难度谈判，如何破局

当我们上学时，我们会和家长、同学、老师进行谈判；当我们谈恋爱时，我们有时候需要和伴侣达成共识以协调关系；当我们升职、跳槽时，我们需要和公司谈判；挖人、签老师、谈供应商都是需要进行高难度谈判的事情。

实际上，我们每天都在主动或被动地参与各种谈判。这些谈判的结果，日积月累，沉淀成了我们的生活轨迹，成了改善我们生活的一种必不可少的调味品。

你会谈判吗

在工作中，出于各种各样的原因，谈判经常会僵持不下、双方互不相让。应该说，这种现象比较普遍，也很正常。诸如相互猜疑、意见分歧、激烈争论等现象，在争取利益的较量中，都是最常见不过的事了。

这些现象如果处理不当，谈判双方无法拉近彼此的距离，导致谈判陷入僵局，就会直接影响谈判工作的进展。谈判是一个双方做出妥协的过程。做出适当的妥协，双方才能获取相关的利益，获得各自满意的结果。

在这个过程中，你要做好以下事项，才能不让谈判陷入僵局。

谈判中总有优势方和劣势方，你要知道自己的位置。

任何谈判都会有一个发起人，谈判启动的那一刻，一定存在着某种供需关系，有处于主动的一方，也有被动的一方；有处于优势的一方，也有处于劣势的一方。

曾经，台积电宣布产品涨价。作为台积电的大客户，苹果表示了拒绝，台积电的股价立马下跌。

谈判的优势方与劣势方的区别就是，优势方拥有自由选择权，也就是"说不"的权力。

如果你是优势方，可以等对方主动来破局。

如果，你具有一定的优势，就意味着你的底气更足，你有更多的选择，即便不与这个人合作也可以找其他人合作，随时可以"扶正"备选的合作伙伴。

很多人看不清全局，认不清形势，也搞不清楚对方实力，以至于无法判断出自己是优势方，一直被对方牵着鼻子走。

同时，如果你是劣势方，那就要主动寻求平衡点。

谈判，是一种心理博弈，也是妥协的艺术。如果劣势方妥协了，优势方看到对方诚恳的姿态，可能会有一些退让。

举个例子，我们这个行业有一条不成文的规矩，一般来说与厉害的 IP 签约合作，都会有独家保底条款①。

签订这种条款时，双方都会担忧。从公司的角度来说，独家意味着专属，如果不能这样，IP 可能仿照公司的模式"另起炉灶"，或者与其他机构合作，这是一种很大的威胁。

站在 IP 的角度来看，万一合作的公司没有足够强大的实力，或者合作公司无法对自己有重度投入，那就会影响自己的职业生涯。

每年，我们公司会与四五十个 IP 签约，如果每位老师要保底 100 万元、200 万元甚至 500 万元，那公司的生存就会成问题。

为了减轻双方的担忧，我对保底条款进行了改良，变成了大独家和小独家 —— 先三个月独家，相当于"试用期"，如果三个月内公司帮 IP 实现了一定数额的 GMV，或者带给 IP 一定的收入，再"转正"，转为两年的大独家。

在这三个月里，公司可以测试出 IP 的销售转化能力，IP 也可以看出公司对他的投入度。在这个保底条款出来之后，很多 IP 都认为比较合理并欣然接受了。后来，行业内的协议

---

① 独家保底条款：只要 IP 与公司签约，IP 只有在规定的时间内完成了对应的动作，公司才会支付相应的报酬。

也都变成了大小独家。

对我和 IP 来说，这个过程就是谈判，我要灵活应对，要学会妥协。

双方的位置可能会随着谈判形势的变化而变化，你要做出适当的调整。

比如，公司刚刚有起色的时候，有一位老板要给我投资。当时，我对他的身份有所怀疑，不确定他的真实水平。

在聊天的过程中，我发现他的实力不容小觑，能够带给我行业内的一些独家资源。这时，本来自认为处于优势的我就处于劣势了，就要在对策上做出调整。

后来，我发现，他为这次谈判做了充分的准备，如果我不接受他的投资，他可以转头就投资我的竞品，而且他的团队早就已经跟多个竞品保持密切的联系了。

随着谈判的深入，双方要根据实际情况及自己所处的位置，进行一个有倾向的谈判，这才更有利于找到客观理性的最优解。

如何打破僵局

每个人都需要通过亲身经历，打磨好自己的谈判能力。以下是我认为在谈判中非常细微且关键的技巧，也是对我多年谈判经验的一种总结。

对于自己很坚持的内容，尽可能全面、清晰地表达出来。

如果，针对合作方案，你需要坚持一个细节，但是对方想改动，这时你就会面临一场高难度谈判了。如何破解？我的建议是，千万不要觉得对方傻，这个时候真诚很重要，可以把为什么要改动、改动后的效果以及不改动的弊端，坦诚地告知对方。

举个例子，我刚开始做操盘手时，为了让老师们接受独家保底条款，会直接出面，跟老师一对一沟通并进行详细解释。

"其一，独家是行业通用规则，不仅是我们，所有行业玩家都一定要签独家，和任何人都要签，因为不签，我们做得好，别人就会来挖人；其二，我们与一个老师有不签独家的经历，结果我们刚做起来，他就自己单干了，对公司造成了损失。因此，如果我们要合作，一定会要求签独家。"

在这样沟通后，大部分老师都能够理解并接受这一独家保底条款。

谈判要做好细节工作。

谈判也是有技巧的，在一般情况下，老板之间会先商议方向，确定框架，然后拉群，邀请下属对接具体细节。这样的方式有助于达成共识，不需要多次博弈。

谈判的过程中需要很多智慧，最重要的是认清楚、看清楚以及想清楚，并注意好每一个细节，这样我们才能不断与他人产生一些真正实质的商业合作。

在这个过程中，沟通的层级和沟通的流程，包括公司高层的沟通、一线对接人的沟通、沟通的流程、审批的流程，都极其重要。一些重要的合同的确认可能来回需要几周、几个月甚至大半年，这背后都是各种决策和博弈。

尽可能掌握主动权。

在你入职一家新公司时，劳动合同往往是由单位提供的。这就是掌握主动权、掌握话语权的一种表现。

很多人觉得，让对方先出牌、先提供合作方案、先出合同是一种"我方强势""我方厉害""我方省事"的表现。在我看来不是这样的，真正厉害的人都知道，谈判要掌握"先发优势"。

"先发优势"往往就锚定了双方的谈判空间。这一点，我相信谈判老手往往都很有经验。

想掌握主动权，我们可以主动出击，不要怕麻烦，主动准备一些合同、方案、计划等，这其实是在把优势留给自己。

我认为，谈判的本质是一种销售，是一种非常理性的销售。谈判，不是嘴把式，是一个人业务能力的综合体现。只有对业务有了深刻理解的人，才能在谈判过程中做到游刃有余。

社交危机公关，到底该怎么解决

如今，在这样一个互联网高速发展的时代，我们经常在网络上看到"××公司爆雷""××餐饮、××企业出现产品卫生问题""××企业涉及价格歧视问题"等新闻。

这些突然出现的负面消息，会在短时间内迅速上热搜，让很多人的目光都聚焦于此。

对企业而言，这些自身的负面信息就是危机，像一颗定时炸弹，随时会爆炸。在一般情况下，企业需要进行危机公关，避免舆论持续发酵。无视舆论的发酵，会对个人、企业或品牌造成不可逆的伤害。

那企业在什么样的情况下需要进行危机公关？是所有的危机都要进行公关处理吗？

什么危机不需要处理

在我看来，并不是所有危机都需要进行公关，有一种危机是"单纯碰瓷"。在这种情况下，最好的做法是不处理、不回复。因为一旦处理或回复，我们就可能钻入别人设计好的圈套。有时候，"不处理也是一种处理，不回复也是一种回复"。

比如，某名"经济学家"靠着"碰瓷"的方式名声大噪。

当时，他针对三家企业分别写了一篇文章。前两家企业看到后，完全无视这件事情，只有第三家企业的负责人选择了回应，与他据理力争。

这一回应正中这名"经济学家"的下怀。他开始用"显微镜"找企业的问题。

在这种情况下，企业很难撑得住。媒体也加入了"论战"，舆论不断发酵，企业的公信力逐渐丧失，问题不断暴露。

如果我们判定对方想要"碰瓷"，就要注意事态的发展情况，避免陷入舆论危机。

很多时候，一次很真诚的回复表态，却会在网络环境中被无限扭曲、放大。比如，一件事情知道的人很少，但知道这件事的人都有粉丝，在这件事情被发到网上之后，可能上百万人都知道了，而这正是对方想要的结果。

处理危机有原则

危机公关，像一个"救火"行为，可以检验企业或个人的应变能力。如果企业或个人对危机处理不当，那很可能会导致一个经营多年的企业或个人 IP 深陷舆论风波，最坏的结果是全盘皆输。

因此，在危机爆发后，我们一定要掌握主动权，及时发表声明，给大众一个清晰准确的交代。

2019 年，我遇到了一次危机，这让我理解了商业世界的凶险。

之前，我们的商标是"轻课"，某教育龙头公司也有"×××轻课"的商标和与我们相似的内容。一次，"×××轻课"财务造假，被发现并且公开了，他们在对外辟谣时直接说"轻课"财务造假。

好事不出门，坏事传千里。网络上疯传某教育龙头公司旗下"轻课"业务财务造假的消息，以至于很多人认为，我们被这家龙头公司收购了，而且做出了财务造假的恶劣行为。

当时的我，如同热锅上的蚂蚁，急得团团转。为了快速控制持续发酵的舆论，我特地找到了这家龙头公司的高层管理者，说："你们怎么能这样？ 给我们带来了无尽的烦恼。"

他说："不好意思，可能是我们的公关出现了一些小问题。"

当时，我对他们辟谣的猜测是，"×××轻课"这个商标很有影响力，绝对不能因此受到伤害。可能出于这个理由，公关忽略了主体商标，用一个无关痛痒的商标来减轻伤害。

为了减轻该事件对我们"轻课"商标的伤害，我让所有合伙人、员工在朋友圈发辟谣声明，并且把辟谣声明挂在官网上，大概内容是：我们的"轻课"与"×××轻课"并非同一家机构，彼此独立且没有任何关系。

在发完声明之后，不少朋友对我说："原来不是你们。"我的内心更痛苦了，不少人碍于面子，没有直接质问我财务造假的事情，而是默认了这一行为就是我们做出的。

声明发完了，舆论依旧没有得到控制，我找到了媒体要求他们撤稿，但媒体没有理会我。

这次危机公关给我最真实的体会是，造谣一张嘴，辟谣跑断腿，哑巴吃黄连，有口真难言。

总结一下，如何做好公关危机？很简单，掌握下面七大基本原则，一切都会迎刃而解。

1. 速度第一，迅速回应

在互联网高速发展的情况下，信息一旦在网络上公开传播，就会在短短的十几分钟之内，病毒式地传播开。

如果我们发现了这种危机的萌芽，不能犹犹豫豫，必须以最快的速度启动应急处理预案，尽快发表声明，和大众、媒体进行沟通，避免舆论扩散，防止发酵出更多不利于自己的舆论。

2. 如果是自己的错误，要承担责任、负责到底

我们要勇于承认自己的错误，而不是急于撇清责任，或者争辩别人也有错；如果不是自己的错误，那就澄清事实。

3. 真心实意、真诚沟通

危机发生并不等于给事件定性，我们要争取挽回形象。这个时候，我们应该有诚意地、诚实地与大众、媒体沟通，说明事实真相。

4. 寻求第三方权威证实

如果危机真的不能得到很好的控制，那么我们可以让权威的第三方站在客观公正的立场上澄清相关事实。

5. 及时把过程记录下来

如今，网络上、生活中都流传着"无图无真相"的说法，这意味着"无图无证据"。一段文字、一张图片，都足以成为一段有说服力的无声证词，可谓"无声胜有声"。

在信息迅速传播的时代，我们一定要知道，危机爆发可能就在一瞬间，处理时一定要记得录像、录音，保留证据，不可干吃哑巴亏。

6. 记得保持低调

危机公关做完，舆论风声渐小，不代表危机完全解除。此时，保持低调是一个比较稳妥的处理方式。

7. 及时总结和复盘

在处理完危机公关事项后，我们要对一次危机事件造成的危害进行评估，对应对方式的有效性进行评估，并据此总结经验和教训，进一步完善危机公关处理的预案、相关规章制度等，争取不再出现类似的危机。

网络世界是一个充满情绪的世界，舆论发酵的速度和广度不可想象，不管品牌或者个体多么无奈，但这就是事实。

在享受网络带来的福利时，我们也要接受其存在的一定弊端，尊重网络世界的游戏规则。还有很多品牌和个体，不太了解也不愿意接受这个事实，固执地停留在自己的思维中，导致自己以自以为理智的发言激起了网友更大的情绪反应。

拥抱关系的不确定性

以前,"以前车马很慢,书信很远,一世一辈子只够爱一个人",为了与他人取得联系和获取信息,人们只能依靠笔记、信件或可靠的人。

如今,社交媒体已经成为我们日常生活中最重要的元素之一,人与人之间的交流,可以通过微信、微博等社交软件轻轻松松地实现。

社交媒体的创建,必然会带来一些好的结果,例如,创造了无数与新朋友互动和交流的机会,以及与老朋友保持联系的渠道。人们以前无法想象的线上办公,在有了飞书、钉钉等App之后,也成了现实。

不过,社交效率变高,也让本就脆弱的关系,变得更具不确定性了。比如,只要老板没有把薪酬、分成、福利等给到位,员工、合伙人、合作伙伴就会给出对应的反应;同在一个圈层里,我既有合作伙伴的微信,也有合作伙伴的对手的联系方式,总是想"货比三家",给自己寻找一条高收益、高价值的道路。

我们要清醒地意识到,每一次博弈背后都有我们所接触的社交面,每个行为背后都有着深刻的含义,这些代表着自己的思考与选择。

社交是因,关系是果,关系天然具有不确定性,而现在的商业、科技，尤其是互联网、移动通信工具的出现，又极大地提高了其不确定性。

我们能做的，只有认可和接受，并学着拥抱这一不可逆的不确定性。

在这种充满不确定性的氛围下，想必大家都有一种感受：强关系变得越来越脆弱了。在快节奏的生活下，可替代的人、可替代的事、可替代的公司、可替代的方案越来越多，这意味着长期关系容易被取代。

有些关系，天生就比较脆弱，特别是合伙关系。

以前，我更倾向于拥有更多的合伙人、更多的事业部、更多的项目组。但现在，我慢慢发现没必要强求，合伙人付出的背后也有一些基本的诉求。

2020年，在公司发展最高峰时，我拒绝了很多合伙人，因为他们提了很多过高的要求，比如月薪10万元，解决其在北京的房租，以及要求公司几年内上市等。

处于这种情况下，我越来越认可"合伙不如合作"这一观点。这，是我应对社交效率变高、社交关系不确定性增强的一个解决方案。

面对未知的未来，我们正在进入打造超级个体、越来越注重弱关系的时代。在此，我有两个小建议。

第一，自身强大是1，关系是0；社交是因，关系是果。任何时刻，我们都不要只把精力放在社交上和关系上。

第二，在不确定性中，自己变强大，才是让社交关系更具确定性的核心。

最后的最后，感谢你读完了本书。如果你想围观一名创业者持续精进、持续探索的过程，围观一名超级个体的真实朋友圈日常，欢迎你通过添加我的公众号——私域肖厂长，添加我的个人微信号。

不管你现在是否身处迷茫，我都想用一句我特别喜欢的金句，与你共勉：顺境居安思危，逆境乘风破浪。

一起向"上"社交！一起停止无效社交！

私域肖厂长